Operaciones Mecánicas de Separación Sólido-Líquido

Aplicación en plantas de beneficio de
minerales metálicos y no-metálicos

Operaciones Mecánicas de Separación Sólido-Líquido

Aplicación en plantas de beneficio de minerales metálicos y no-metálicos

Pedro Martínez Pagán
María Sinche-González
Raúl Mollehuara-Canales
Julián Martínez López

Operaciones Mecánicas de Separación Sólido-Líquido
Aplicación en plantas de beneficio de minerales metálicos y no-metálicos

Primera edición: 2023

ISBN: 9788410066083
ISBN eBook: 9788419786838
Depósito legal: SE 2169-2023

© de los textos:
    Pedro Martínez Pagán
    María Sinche-González
    Raúl Mollehuara-Canales
    Julián Martínez López

© de esta edición:
    Editorial Aula Magna, 2023. McGraw-Hill Interamericana de España S.L.
    editorialaulamagna.com
    info@editorialaulamagna.com

Impreso en España – Printed in Spain

Índice

Prólogo

Los procesos de separación sólido-líquido son una parte crucial en los procesos de tratamiento de minerales. La recuperación, reducción y reutilización de agua de proceso es una práctica generalizada. En este sentido, los procesos de separación de minerales (molienda, clasificación, concentración) requieren el uso de grandes cantidades de agua. Por ejemplo, en la explotación de minerales con contenido en oro, como regla general, por cada tonelada de mineral procesado se requieren 1000 litros de agua. Este importante volumen de agua debe ser separado de los productos finales, concentrados y relaves, reutilizándola nuevamente en los procesos mineralúrgicos. Se trata de atender dos requerimientos, por un lado, el medioambiental y, por otro, el de obtener un producto vendible acorde con las exigencias de mercado.

Generalmente, la separación sólido-líquido se lleva a cabo por medio de espesadores que emplean el efecto de la gravedad, consiguiéndose que un 75-80 % del agua pueda ser recuperada. Por otro lado, para obtener separaciones superiores se acude al empleo de filtros donde se puede eliminar un 90 % del agua obteniéndose un sólido con menor grado de humedad, y según se requiera, casi seco. Para partículas sólidas muy finas la eliminación de agua también se lleva a cabo a través de equipos de centrifugación que permiten obtener un producto sólido con humedades inferiores al 8 %. Por ello, la actual tecnología de separación sólido-líquido, que ha visto en los últimos años un importante desarrollo, se ha convertido en la principal solución tecnológica para la gestión y clausura de los relaves mineros que se generan en las principales minas del mundo, reduciendo el uso de agua, los costes de manejo y transporte, su impacto medioambiental, y garantizando la estabilidad de las estructuras de almacenamiento.

Este manual hace una revisión de los equipos actuales más comúnmente utilizados dentro de la industria de procesos de minerales. Para ello, se introduce la separación de sólido-líquido, describiendo su importancia y objetivos para, a continuación, abordar la descripción de los procesos de separación (espesamiento, centrifugación y filtración), así como los principales equipos que los representan. Para estos equipos se describe su funcionamiento, principales características de operación, variables de selección y dimensionado, etc.

En definitiva, este manual se aborda con un enfoque eminentemente práctico dirigido a todos aquellos profesionales involucrados con los procesos de minerales, las plantas de áridos, la gestión de los relaves mineros, etc. Además, lo convierten en un libro de consulta idóneo para aquellos alumnos de procesos de la industria minera de cursos de pregrado o de maestría de las escuelas de ingeniería de minas, metalurgia y procesamiento de minerales.

Al final del libro se los autores sugieren libros y materiales para completar o adquirir conocimientos que serían recomendables para un estudio más profundo y exhaustivo de las técnicas y procedimientos que se tratan en esta obra.

Los autores quieren agradecer la información técnica y material gráfico facilitados por los fabricantes de equipos que aparecen en la obra, especialmente a METSO.

También aquí, como en otros libros anteriores, esperamos y deseamos que su consulta sea útil y que el lector sepa disculpar posibles erratas que hayan podido producirse.

Cartagena (España), 25 julio de 2023
Los Autores

Separación sólido-líquido en plantas de beneficio de minerales metálicos y no-metálicos

1.

Introducción

En la industria del procesamiento de minerales y rocas industriales el uso del agua es muy significativo, aunque su cantidad (% en volumen) varía según las diversas etapas del procesamiento (Figura 1).

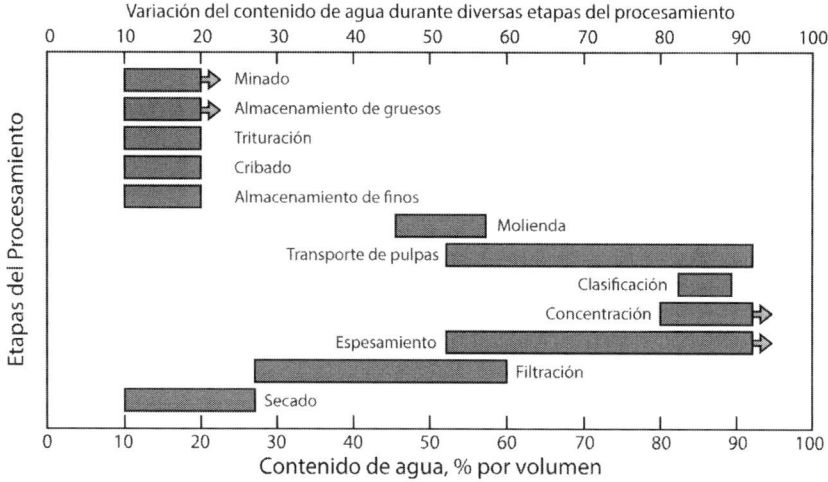

Figura 1. Contenido típico de agua según el tipo de unidades de procesamiento de minerales (Kelly y Spottiswood, 1999).

La eliminación de agua o separación sólido-líquido (en inglés, *dewatering*) es una operación necesaria en los procesos de concentración de minerales y rocas.

La separación sólido-líquido por medios mecánicos (Figura 2), a diferencia de la eliminación del agua por medios de secado térmico, tiene objetivos del tipo medioambiental, técnico, económico, seguridad, etc. Con la eliminación de agua se persigue aumentar el contenido de sólidos para ajustarse a los requerimientos de la etapa posterior o su emplazamiento definitivo, además de:

1. **Recuperación del agua para su recirculación a la alimentación del proceso.** Una de las principales consideraciones en términos de uso eficiente del recurso hídrico y como actuación medioambiental.

2. **Reducir los costes de transporte del producto vendible**, lo que incide de forma significativa en el caso de los minerales de bajo valor.

3. **Volver a llevar al mineral a su forma completamente seca por requerimiento de la etapa posterior** (calcinación, sinterización).

4. **Cumplimiento de las especificaciones de venta de los productos minerales.**

5. **Motivos de seguridad y transportabilidad** (desplazamiento de la carga en transporte de mineral por barco).

6. **Disminuir el volumen ocupado por la masa de sólidos, por ejemplo, en los depósitos de relaves.**

7. **Aprovechamiento de los sólidos (finos) obtenidos para diversas aplicaciones industriales** (industria de agregados).

8. **Eliminar de los efluentes líquidos los finos limosos y arcillosos por imperativos medioambientales** (< 80 µm).

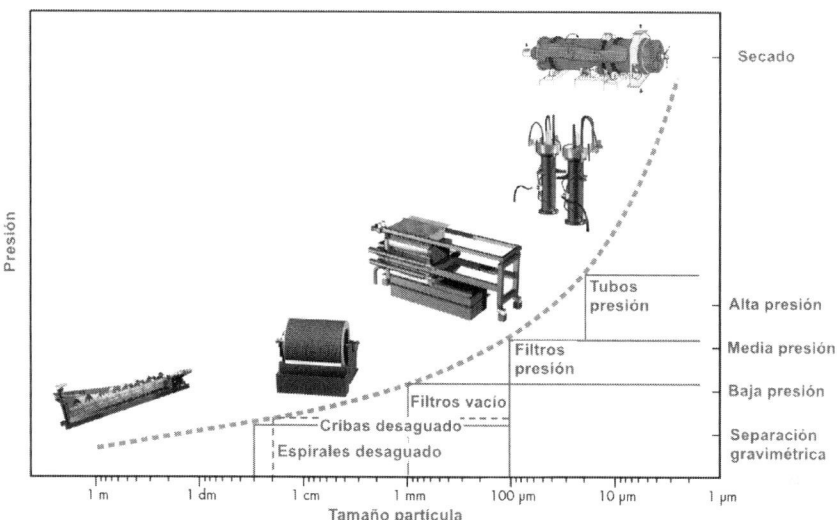

Figura 2. Tipos de equipos de desaguado según la presión aplicada y el tamaño de partícula (Metso: Outotec, 2021).

Para conseguir la eliminación parcial de agua o desaguado mecánico se emplean equipos de separación sólido-líquido que se pueden clasificar dentro de las dos principales categorías de acuerdo con los principios que emplean: sedimentación (> 0,5 mm), filtración (< 0,5 mm). Por ello, los tamaños de partículas que se suelen manejar en esta etapa de desaguado no deben superar los 0,5 mm (finos o lamas):

a. Sedimentación: El líquido es obstaculizado por el recipiente y las partículas se mueven libremente.

b. Filtración: Las partículas son obstaculizadas por un medio filtrante y son los líquidos los que fluyen a través de dicho medio.

Estas categorías se desglosan en varias técnicas de separación como se ilustra en la Figura 3.

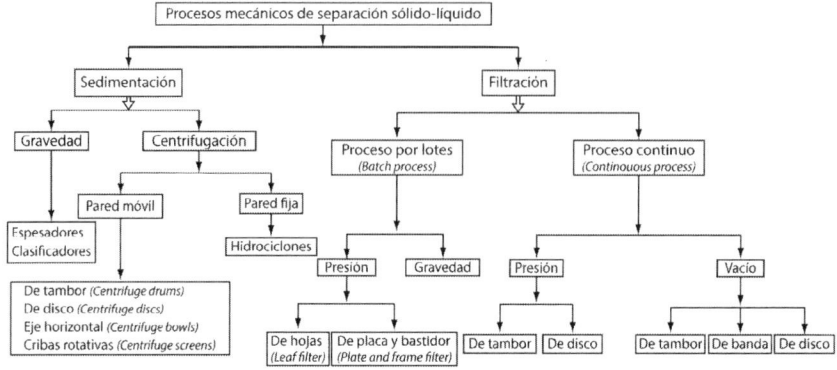

Figura 3. Técnicas de separación sólido-líquido.

El empleo de los equipos de separación sólido-líquido va a venir determinado por el tamaño de las partículas que se van a tratar estos equipos y por el contenido en humedad del producto (Figura 4), así como por los ensayos de laboratorio que se realicen, las plantas ya existentes, etc. Teniendo en cuenta que cuando se habla del contenido en humedad se refiere a la humedad superficial o libre de las partículas para distinguirla de aquella humedad que forma parte de su estructura molecular.

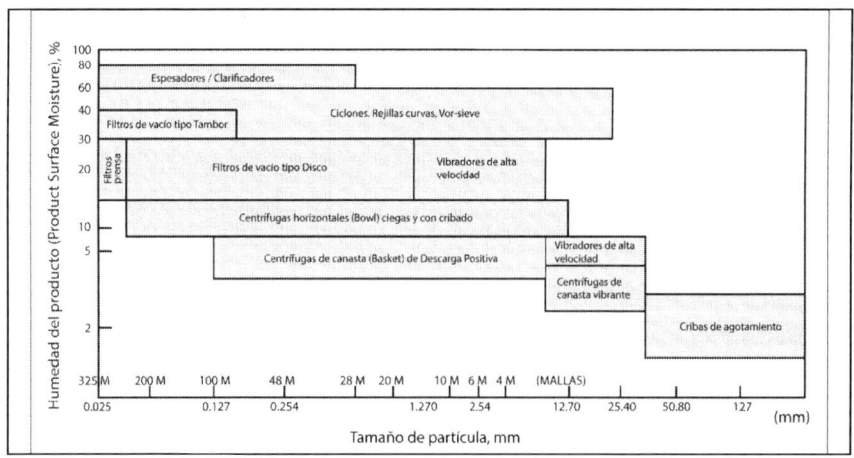

Figura 4. Equipos para la separación sólido-líquido según la granulometría y la humedad final del producto (modificado a partir de Parekh and Matoney, 1991).

La Figura 4 anterior muestra que en tamaños de partículas superiores a 37,5 mm, el desaguado es relativamente simple. Con el empleo de cribas de agotamiento es posible obtener bajas humedades en estos tamaños. Los vibradores de alta velocidad se emplean para los tamaños intermedios y para tamaños más pequeños de 0,5 mm, siempre y cuando en el producto desaguado se admitan porcentajes de humedad del 15 % o mayores. Sin embargo, normalmente estos equipos no se emplean para tamaños inferiores a 6,3 mm debido a la humedad asociada con las partículas finas. En este nivel de tamaños se suele recurrir al empleo de la fuerza centrífuga para ayudar al proceso de desaguado. La centrifugas de varios tipos y diseños se emplean exclusivamente en el rango de tamaños 0,5 – 9,5 mm. Las centrífugas horizontales con carcasa perforada (en inglés, *screen bowl centrifuges*) y con carcasa ciega (en inglés, *solid bowl centrifuges*) se emplean para tamaños más pequeños de 0,5 mm, aunque darán un producto con un contenido mayor de humedad. Siguiendo a las centrífugas se encuentran las operaciones de filtrado con vacío que se hacen apropiadas para tamaños muy finos. Normalmente las fracciones más gruesas son quitadas y desaguadas con vibradores de elevada velocidad o centrífugas especiales. Los filtros de disco se emplean a menudo para el desaguado de las partículas inferiores a 0,60 mm.

Los factores que influyen en todos los pasos de separación de sólido-líquido son los siguientes:

Tamaño de partícula y Granulometría: Generalmente las partículas finas (más pequeñas) tienen los ratios más bajos de sedimentación y filtración. Un incremento del área superficial significa una menor concentración en la salida inferior del concentrador (en inglés, *underflow*) y en la descarga de la torta de filtración (en inglés, *cake*), así como un mayor contenido de humedad.

Concentración de sólidos: El incremento de la concentración de sólidos (% en sólidos) generalmente minimizará el tamaño de los equipos requeridos y el coste en todas las etapas de separación sólido-líquido. La mayor parte de los espesadores son diseñados sobre la base de la unidad de área requerida (expresado en metros cuadrados por toneladas de un sólido seco por día) que disminuirá conforme aumenta la concentración de sólidos en la alimentación. De una forma similar ocurre con los ratios de filtrado, los cuales también aumentan conforme el flujo requerido, a través de los vasos capilares de la torta de filtración, disminuye.

Forma de la partícula, densidad relativa y características superficiales: Normalmente la forma óptima de partícula es la esférica con porosidad cero. Cuando cualquiera de estos factores se aleja de su estado ideal, las dificultades se incrementan. Las características químicas de la superficie de las partículas van a influir en factores como la dosificación de surfactantes y/o floculantes.

Viscosidad y densidad relativa del líquido: El incremento de la viscosidad disminuirá los ratios de sedimentación y de filtración. Un mantenimiento de temperaturas altas será siempre deseable puesto que va a disminuir la viscosidad del agua. Sin embargo, esto último no siempre puede llevarse a cabo por el coste que ello conlleva.

2.

Espesadores

Los procesos de sedimentación son procesos continuos de separación sólido-líquido que facilitan la sedimentación de las partículas, que se encuentran en suspensión dentro de un fluido, empleando o bien la fuerza gravitatoria o bien ayudándose de la fuerza centrífuga.

El comportamiento de una partícula que se desplaza dentro de un fluido homogéneo viene definido por la Ley de Stokes (régimen laminar). De este modo, durante la sedimentación inicial, las partículas sólidas que se encuentran en el seno de un fluido, no turbulenta, se mueven hacia abajo bajo la influencia de la gravedad en relación con la resistencia que ofrece el fluido a ser atravesado. La velocidad de este movimiento se incrementa hasta que la fuerza opuesta de arrastre (empuje), generada por la viscosidad del líquido, iguala la fuerza de la gravedad sobre la partícula. Estas partículas, a partir de este momento, caerán a velocidad constante, llamada velocidad terminal, velocidad de asentamiento libre o velocidad límite de caída. La magnitud de la velocidad de asentamiento libre puede ser obtenida con la siguiente expresión:

$$V_t = \frac{2 \times r^2 \times g \times (s - l)}{9 \times \mu} \qquad (1)$$

Donde V_t es la velocidad terminal de una partícula esférica, r es el radio de dicha esfera, g es la aceleración gravitatoria, s es la densidad relativa de la partícula esférica, l es la densidad relativa del líquido y μ es la viscosidad del fluido (todas las unidades en el sistema CGS).

Ensayo de Sedimentación

Para comprender mejor el proceso de sedimentación que tiene lugar dentro de un espesador hay que realizar ensayos de sedimentación llevados a cabo con probetas graduadas (Figura 5), donde se observará el descenso de la altura de la interfase que se forma entre el líquido clarificado, normalmente será agua, y la pulpa, que estará formada por el fluido y las partículas finamente divididas; este ensayo se realizará en un ambiente sin perturbación para no crear condiciones turbulentas y nos permitirá obtener los ratios de sedimentación a partir de los cuales se dibujan las curvas de sedimentación que nos aportan la información necesaria para el dimensionamiento de los tanques espesadores o los clarificadores.

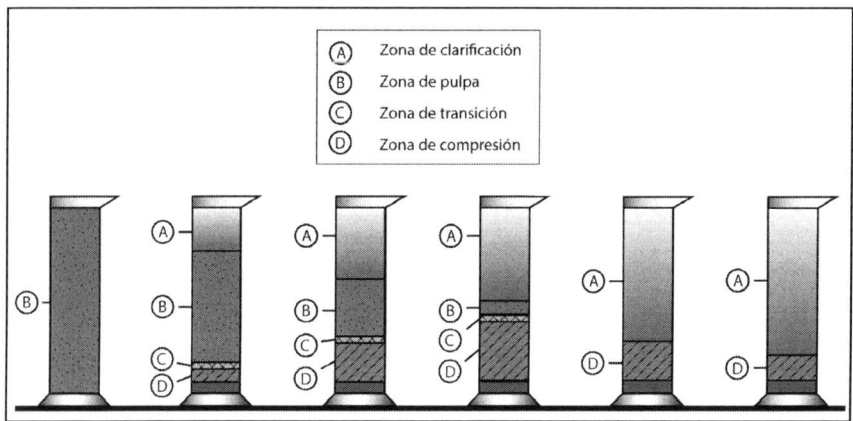

Figura 5. Ensayo de sedimentación.

Al inicio del ensayo de sedimentación con una probeta, se puede observar que los sólidos están dispersos a través de todo el cilindro y la concentración (kg de sólido / l de pulpa) es igual en todas las áreas de este. Cuando comienza la sedimentación, las partículas caen a una velocidad que va a depender de las condiciones locales de sedimentación obstaculizada. El comportamiento exacto de una pulpa dependerá de la granulometría de las partículas, de la relación de dilución y el grado de floculación producida. Con tamaños de partículas muy próximos tendremos velocidades de sedimentación muy similares y por consiguiente la altura de la interfase se definirá claramente, al contrario de lo que ocurre con granulometrías de partículas muy amplias.

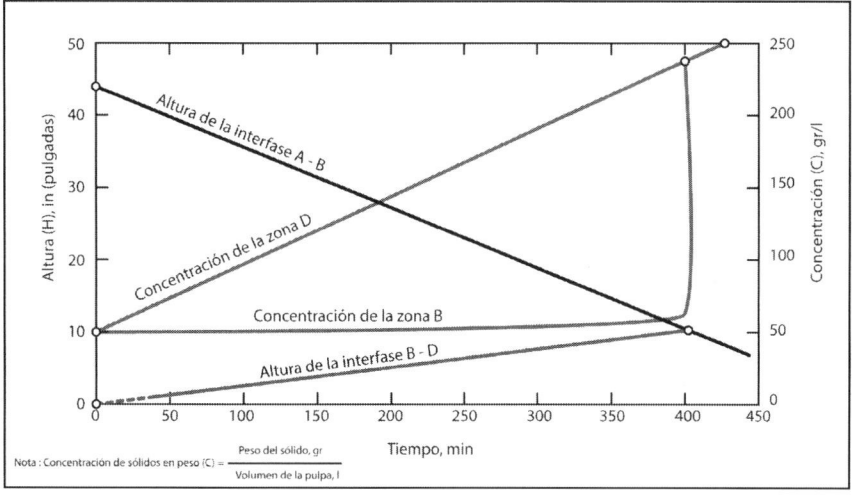

Figura 6. Alturas de las interfases y concentraciones de las zonas en el ensayo de sedimentación (modificado a partir de Parekh and Matoney, 1991).

Las partículas coloidales, si no consiguen coagularse y/o flocularse, permanecerán en suspensión durante tiempos muy prolongados. En el caso donde no hay presencia coloidal, las partículas comenzarán a asentarse en el fondo produciendo una especie de fango o lodo (zona D en la Figura 5). Tan pronto como comienza a producirse el asentamiento comienzan a mostrarse las zonas A, B y C. La zona A será el fluido clarificado y la zona B es la zona de pulpa. La zona C es una zona de transición. En la Figura 6 se observa que, en las probetas 2ª y 3ª (Figura 5), la pulpa mantiene ratios de sedimentación constantes, con lo que la zona D se va elevando debido a la acumulación de las partículas sólidas. Esta zona D, comenzará a sufrir una ligera compactación (Figura 6) (probetas 4ª y 5ª de la Figura 5), liberando parte del fluido que hay entre sus intersticios, hasta conseguir la compactación final, en la cual la interfase formada entre esta zona de compactación (zona D) y la zona clarificada (zona A) son las únicas que existente en la probeta (Parekh and Matoney, 1991).

Coagulación y Floculación

Las partículas sólidas se pueden obtener en forma de lodo espeso dentro de un espesador, obteniendo un rebose de líquido clarificado. Sin embargo, ante partículas sólidas extremadamente pequeñas (del orden de las micras), el asentamiento se ralentiza demasiado, empleando únicamente la acción de la gravedad; por ello habrá que acudir a equipos de separación sólido-líquido centrífugos o bien aglomerar las partículas finas con el empleo de floculantes o a través de fenómenos de coagulación. Existe una diferencia entre el efecto de la coagulación y el de la floculación, si bien muchos productos empleados en la separación sólido-líquido poseen los dos efectos.

Coagulación

Las cargas superficiales son neutralizadas a través de la adición de coagulantes que tienen cargas opuestas, haciendo que las partículas micrométricas se adhieran al coagulante o entre ellas (Figura 7 y 8). A escalas muy pequeñas, todas las partículas ejercen atracción mutua, debido a fuerzas de Van Der Waals. Sin embargo, estas partículas, dentro de atmósferas cargadas eléctricamente alrededor de las mismas, van a generar fuerzas de repulsión entre ellas evitando que se adhieran y produciendo la ralentización del proceso de sedimentación.

Se puede decir que las cargas eléctricas sobre la superficie de las partículas serán de signo negativo en suspensiones acuosas de pH superior a 4 y serán de signo positivo en aquellas soluciones fuertemente ácidas.

Los coagulantes son generalmente compuestos minerales: sulfato de alúmina, cloruro férrico, cal, sulfato ferroso, cloruro magnésico que, en suspensión acuosa, ayudan a la disminución del potencial Zeta. Cuando una partícula se mueve en disolución, se produce el corte de la capa doble, entre la capa de enlace que se mueve con la partícula y la capa difusa. Este plano de cizalla define el potencial Zeta, siendo la coagulación máxima cuando las partículas tienen carga cero con relación al medio en suspensión (potencial Zeta igual a cero).

Un agregado coagulado se volverá a formar después de que haya sido destruido, como puede suceder durante operaciones de transporte por medio de bombas.

En la Figura 7 se observa como una superficie con carga negativa hace que los iones positivos de la solución sean atraídos a ella, formando la capa de enlace o capa de Stern.

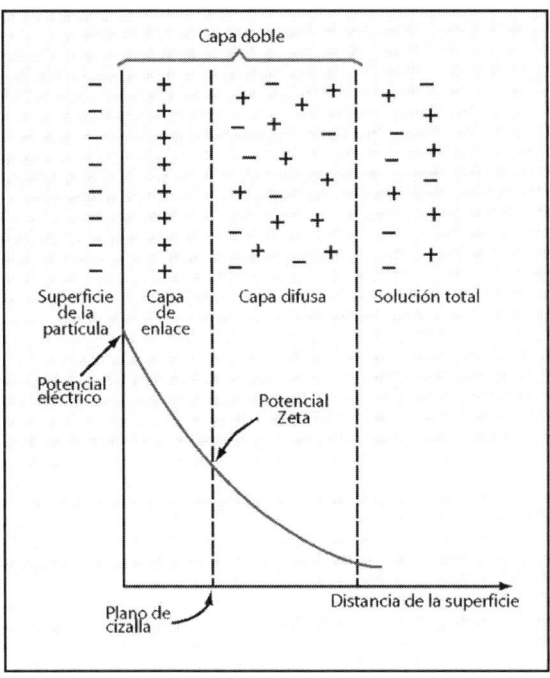

Figura 7. Potencial Zeta. Capa de enlace.

Floculación

Se basa en la creación de agregados a través de reactivos (floculantes) que actúan como puentes entre las partículas (Figura 8), dando lugar a agrupaciones de partículas que sedimentarán más rápido, acelerando de esta forma el proceso de separación sólido-líquido.

Los floculantes anteriormente eran a base de materiales naturales como el almidón, cola, gelatina y goma de guara, pero actualmente son polímeros orgánicos de alto peso molecular de base poliacrilamida con una carga eléctrica opuesta a la carga de la suspensión que se quiere flocular.

Los floculantes en su mayoría son de carácter **aniónico**, es decir copolímeros de acrilamida con grupos acrilato en aumento, los cuales dan una carga negativa.

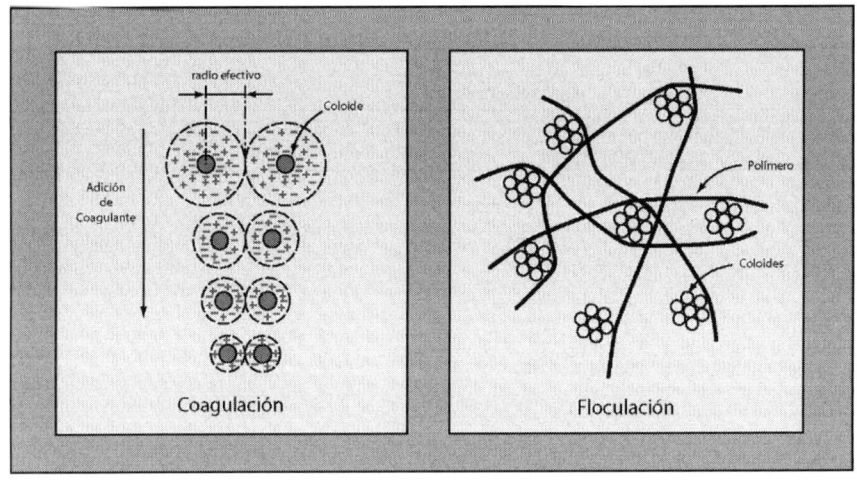

Figura 8. Efectos de coagulación y floculación.

Pero también hay floculantes **no-iónicos**, constituidos por poliacrilamidas técnicamente puras, que en solución acuosa presentan un comportamiento neutro, y floculantes **catiónicos**, formados por copolímeros de acrilamida con las partes de un comonómero catiónico en aumento, que darán una carga positiva en solución acuosa.

Un floculante una vez destruido no volverá a formarse, es por ello por lo que no son muy eficientes en los hidrociclones, incluso en bombeo se pueden destruir los grumos debido a la ruptura de las cadenas moleculares largas. Por tal motivo, se debe disponer un sistema de floculación (Figura 9) para que los floculantes entren en contacto con las partículas a flocular en soluciones de empleo fuertemente diluidas (0,1 % en peso máx.), a partir de soluciones madre de 0,5 % en peso. Se necesitará de un periodo de maduración (entre 5-60 minutos) en el cual la solución estará bajo una agitación suave.

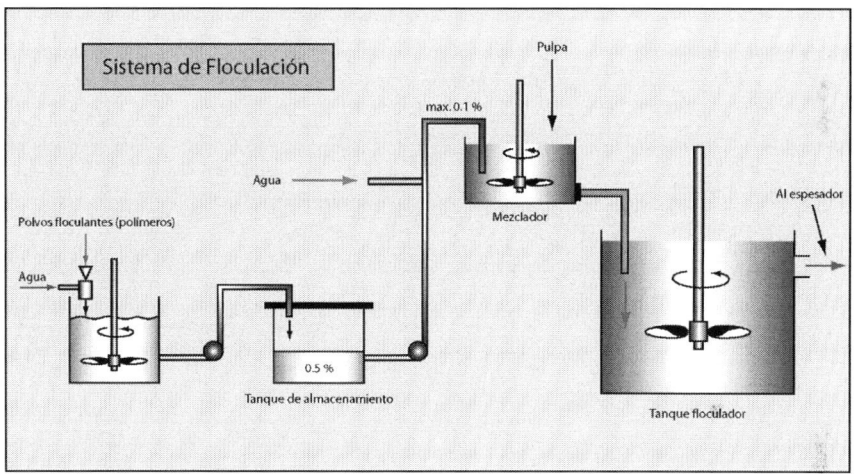

Figura 9. Esquema sobre un sistema para la preparación del floculante.

Espesadores Convencionales

Es espesador por gravedad o convencional se emplea para aumentar la concentración de sólidos en el hundido a través de la gravedad. Los espesadores a veces actúan como elementos de almacenamiento para alimentar de forma continua a las líneas de equipos de filtrado o centrífugas.

Los elementos principales de un espesador son los motores y elementos de transmisión, el eje y los brazos giratorios. Estos últimos tienen como función el transportar los sólidos sedimentados al punto de descarga central y crear canales en el lodo para permitir la liberación de agua y obtener, de este modo, un lodo con mayor concentración en sólidos.

Los espesadores suelen emplearse para concentraciones de la suspensión elevadas y con sedimentación obstaculizada. Son tanques de poca profundidad en relación con su superficie en los que el lodo se obtiene por la parte inferior y el líquido clarificado por la parte periférica superior (Figura 10 y 11).

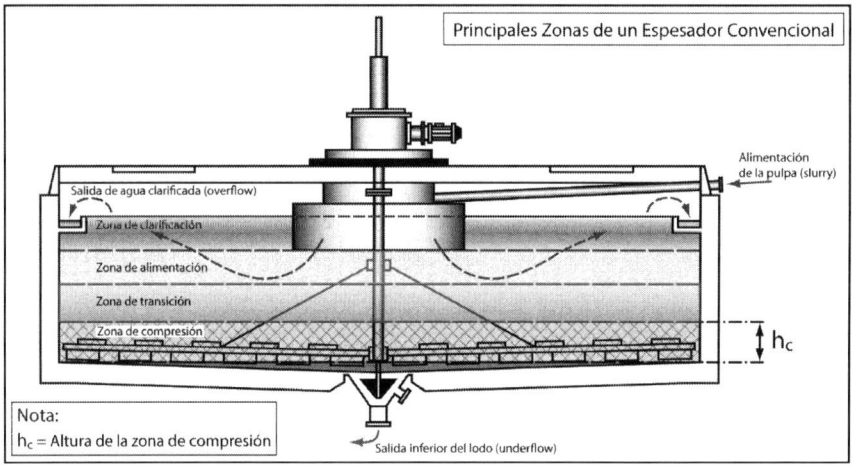

Figura 10. Zonificación en un espesador convencional.

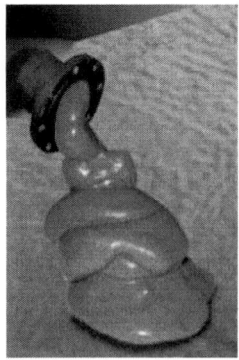

Figura 11. Lodo obtenido en un espesador (cortesía de Outokumpu).

Los tanques de los espesadores se construyen de acero, hormigón o una combinación de ambos. En tanques menores de 21,4 m de diámetro es más económico fabricarlos completamente de acero, tanto las paredes del tanque como el fondo de este. El fondo del tanque, cuando es de acero, se fabrica sin pendiente por su coste, por lo que es necesario que se forme un lecho de lodo (en inglés, *bed-in*) que hará de falso fondo. Los brazos giratorios o rastrillos tendrán cierta inclinación hacia el centro del tanque para facilitar el transporte del lodo.

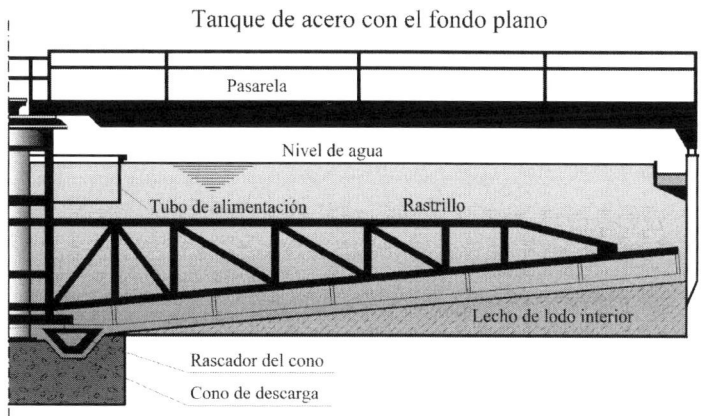

Figura 12. Espesador convencional con tanque de acero.

Cuando las partículas sedimentadas, debido a su tamaño, son incapaces de crear el lecho de lodo hay que recurrir a un fondo en pendiente fabricado bien de acero o bien de hormigón según el tipo de tanque (Figura 12 y 13). Este tipo de construcciones son muy comunes para diámetros entre 21,4 m y 30,5 m.

Los espesadores convencionales se clasifican según la posición de los sistemas de accionamiento (motor, engranajes, etc.) y el método de soporte para los mismos. Su diseño va a depender del diámetro del tanque finalmente seleccionado. Así, para pequeños diámetros (hasta 30-40 m) el mecanismo de accionamiento y el eje central son soportados sobre una superestructura o puente (Figura 14) que atraviesa el tanque y que debe ser capaz de soportar el peso de los brazos con rastrillos giratorios y vencer los momentos que presenta el lodo que está siendo rastrillado. Este tipo de espesadores presenta un cono de descarga en el centro y se les conoce como espesadores de tipo puente (en inglés, *bridge type*) (Figura 14).

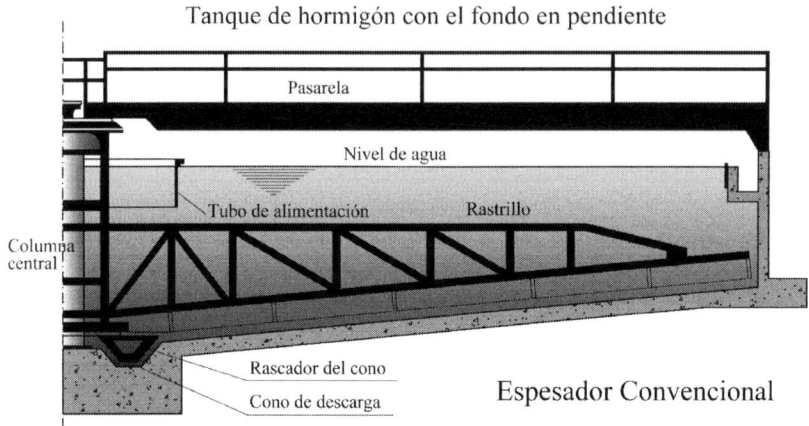

Figura 13. Espesador convencional con tanque de hormigón.

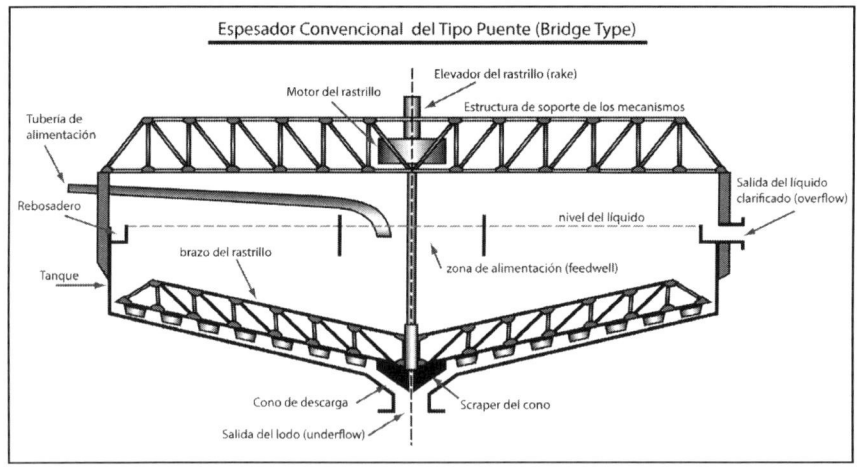

Figura 14. Espesador tipo puente.

Para los tanques con diámetros superiores a 30-40 m, se emplea un pilar estacionario central de acero u hormigón para soportar los mecanismos de accionamiento y control. El puente solo se emplea para acceso de personal y como soporte de tuberías de alimentación.

Los brazos de los rastrillos están unidos a una estructura o jaula giratoria que rodea al pilar central. El giro se lo proporcionan los elementos de accionamiento superiores; la descarga del lodo se realiza a través de un canal anular que rodea al pilar central (Figura 15). Este tipo de espesadores se les conoce con el nombre de espesadores tipo *pilar central* (en inglés, *centre pier type*).

En estos tanques, el diseño del brazo con rastrillos es importante y vendrá en función de la naturaleza de sólidos sedimentados, el diámetro del tanque, la cantidad de sólidos coloidales floculados, etc.

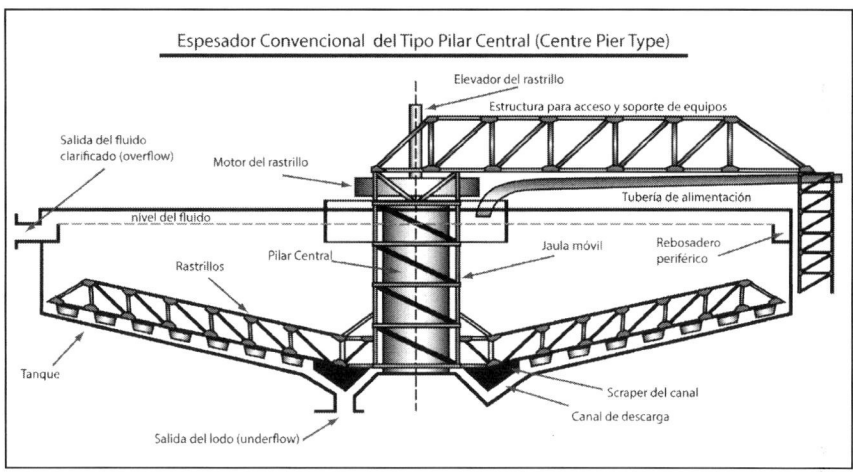

Figura 15. Espesador tipo pilar central.

Hay diferentes tipos de construcción de los brazos y rastrillos, variando desde un único brazo rígido con hojas soldadas directamente sobre él (limitado a tanques con un diámetro máximo de 15 m) hasta brazos de diferentes tipos de estructura metálica diseñados para grandes tanques (por encima de 35 m de diámetro).

Para eliminar grandes estructuras que lleguen hasta el material sedimentado en los grandes tanques, se puede recurrir al empleo de extensiones que parten de los brazos porta-rastrillos. Este tipo de brazos es conocido como «Thixotrópico», diseñado para el tratamiento de sustancias coloidales (arcillas) con comportamiento thixotrópico que eviten la formación de «donuts» (Figura 16). En la mayor parte de los espesadores convencionales, los brazos de los rastrillos están unidos al eje central (tipo puente) o a una estructura circular giratoria (tipo pilar central), sin embargo, hay otras alternativas como son los espesadores con el guiado del rastrillo a través de cables (Figura 17). En estos últimos el brazo de rastrillado se encuentra articulado a la base del eje central o jaula giratoria. La articulación es diseñada para permitir movimientos horizontales y verticales del rastrillo que es guiado alrededor de la columna a través de cables conectados a un brazo superior de tubo que produce el momento de giro, situado por debajo del nivel de agua. Este tipo de espesadores se emplea en sólidos de comportamiento thixotrópico o finamente divididos y parcialmente floculados.

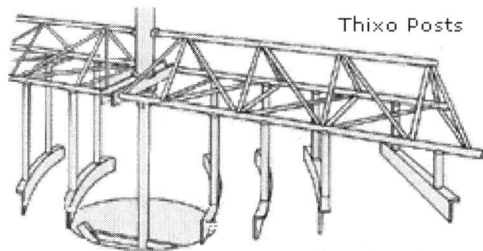

Figura 16. Rastrillo «thixo» y estructura de tubo. Fuente: http://www.solidliquid-separation.com/Thickeners/Conventional/conventional.htm

Figura 17. Espesador convencional de cables. Fuente: https://www.ekcp.com/products/cable-torque-thickener/

Otro tipo de espesadores son los de *tracción*, en los cuales el pilar central sirve de apoyo para el brazo rastrillador (Figura 18 y 19), así como pivote para que toda la estructura de rastrillado gire alrededor del pilar. El movimiento es proporcionado por un mecanismo de accionamiento montado sobre rail que hace girar al brazo principal. Este tipo de espesadores se fabrica para tanques cuyo diámetro va desde los 50 m hasta los 150 m.

Figura 18. Estructura de rastrillado en un espesador de tracción FLSmidth construido de hormigón. Fuente: https://www.flsmidth.com/en-gb/customer-stories/ thickener-evolution-a-testament-to-customer-commitment

Figura 19. Rail periférico de un espesador de tracción FLSmidth construido de hormigón. Fuente: https://www.flsmidth.com/en-gb/customer-stories/ thickener-evolution-a-testament-to-customer-commitment

La mayor parte de los espesadores disponen de sistemas de elevación del rastrillo principalmente cuando se tratan colas de flotación. Las partículas finas de arcilla pueden convertirse en un gel que impide el flujo hacia el punto de descarga al formar anillos o «donuts» y será necesario el empleo de sistemas de elevación para subir y bajar los rastrillos que ayuden a romper estos anillos. Estos mecanismos de elevación están regulados para actuar sobre el rastrillo cuando se alcanzan unos pares excesivos para la estructura.

Bridge Mounted
Worm Gear Drive

Figura 20. Sistemas de accionamiento para espesadores tipo puente. Fuente: http://www.solidliquid-separation.com/Thickeners/thickener.htm

Bridge Mounted
Spur Gear Drive

Column Mounted Spur
Gear Drive

Figura 21. Sistema de accionamiento para espesadores tipo pilar central. Fuente: http://www.solidliquid-separation.com/Thickeners/thickener.htm

En las Figuras 20 y 21 se muestran los mecanismos de acciona-miento para los espesadores tipo puente y tipo pilar central respecti-vamente, movidos por motores eléctricos. Su selección dependerá del tipo de pares que han de vencer (Tabla 1):

Tipo de espesador	Torque máximo (N·m)
Tipo puente con «Worm Gear Drive»	3000-140000
Tipo puente con «Spur Gear Drive»	20000-1440000
Tipo pilar central con «Spur Gear Drive»	27000-3270000

Tabla 1. Espesadores en función del tipo de par (N·m) que deben aplicar. Fuente: http://www.solidliquid-separation.com/Thickeners/thickener.htm

En los espesadores convencionales se instalan pozos de alimenta-ción con el fin de introducir una alimentación con el mínimo posible de turbulencia, así como permitir la floculación. La alimentación entrará al pozo de forma perimetral siguiendo disposiciones adecua-das para evitar chorros a presión o corrientes por debajo de la zona de alimentación (Figura 22).

Figura 22. Tuberías de alimentación al pozo central. Fuente: https://www.zimacorp.com/water/industries-equipment/thickening/

Dimensionado de la Superficie del Espesador

Para el dimensionado de la superficie de un tanque espesador convencional se puede manejar la fórmula dada por Coe y Clevenger, que proporciona la relación entre la velocidad de sedimentación de las partículas dentro de las diferentes zonas del espesador y el área del tanque:

$$A = \frac{1,333 \times (F - D)}{R \times \rho_F} \quad (2)$$

Siendo:
- A, es área del espesador, siendo la unidad de área el pie cuadrado por tonelada corta de sólido seco en 24 horas ($ft^2/(sht \cdot 24h)$).
- F, es la dilución inicial, es decir, el cociente entre el peso del líquido frente al peso del sólido en la muestra de pulpa ensayada.
- D, es la dilución final del hundido, se obtiene mediante un ensayo de 19 horas de duración (*underflow*).
- R, es la velocidad de asentamiento (ft/h).
- ρ_P, es la densidad del líquido o fluido, normalmente será agua.

A través de ensayos de sedimentación para diferentes concentraciones iniciales (Figura 5), se obtiene:
- F_1, dilución inicial de la pulpa.
- R_1, velocidad de asentamiento (pies/hora).
- F_i, dilución intermedia.
- R_i, velocidad de asentamiento (pies/hora).

Con los valores F_i y R_i se obtiene, a través de la Ecuación 2, los valores de A_i, tomando aquel valor superior.

Para el cálculo del ***área industrial***, se multiplicará el mayor valor de A_i obtenido con la Ecuación 2 por un coeficiente que varía entre 1,2 y 1,4, siendo tomado normalmente el valor de 1,2.

La ecuación de Coe y Clevenger en unidades métricas viene dada por:

$$A = \frac{(F - D) \times W}{R \times \rho_F} \quad (3)$$

Con:
- *A*, área de sedimentación (m²).
- *R*, velocidad de sedimentación (m/s).
- *W*, caudal, o capacidad requerida, de sólidos en peso (kg/s).
- *F*, dilución (cociente líquido (%) /sólido (%)) a la entrada.
- *D*, dilución (cociente líquido (%) /sólido (%)) a la descarga.
- r_F, densidad de líquido (kg/m³)

También es interesante disponer la ecuación de Coe y Clevenger en función de las concentraciones:

$$A = \left(\frac{1}{C_o} - \frac{1}{C_u} \right) \times \frac{W}{R \times \rho_F} \quad (4)$$

Siendo:
- C_o, concentración inicial de sólidos por unidad de volumen de la pulpa.
- C_u, concentración de sólidos por unidad de volumen de pulpa en el hundido.

Una curva de sedimentación obtenida de ensayos comprende diferentes zonas, las cuales se indican en la figura siguiente:

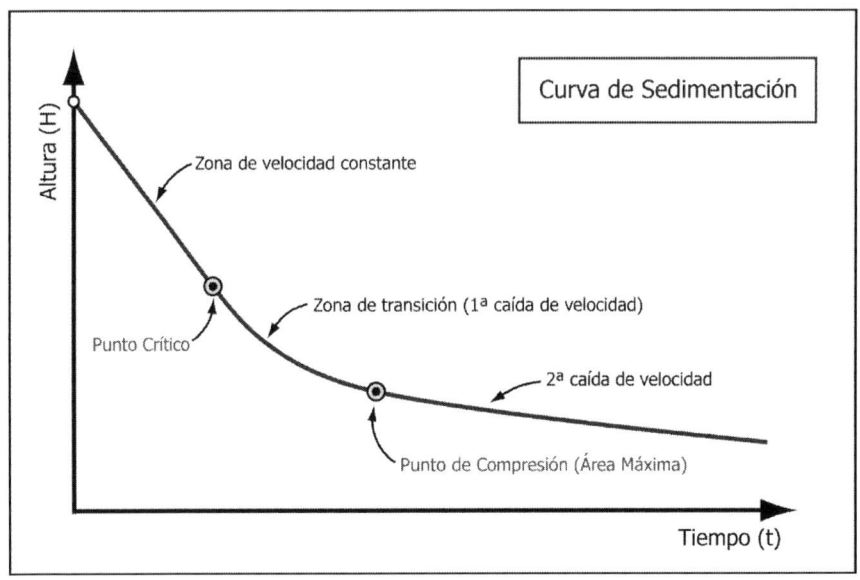

Figura 23. Curva de sedimentación. Zonificación.

Hay otros métodos para el cálculo del área de sedimentación de un espesador, los cuales vamos a comentar a continuación.

Método de Talmage Fitch

Este método hace uso de la ecuación de Kinch, cuya expresión es:

$$C_o \times H_o = C \times H \quad (5)$$

Con:

C_o, concentración inicial de sólidos por unidad de volumen de pulpa (kg/m³).

H_o, altura inicial de la interfase entre la zona de pulpa y la zona de clarificación (m).

H, altura de la interfase entre la zona de pulpa y la zona de clarificación para una concentración C (m).

C, concentración intermedia de sólidos por unidad de volumen de pulpa (kg/m³).

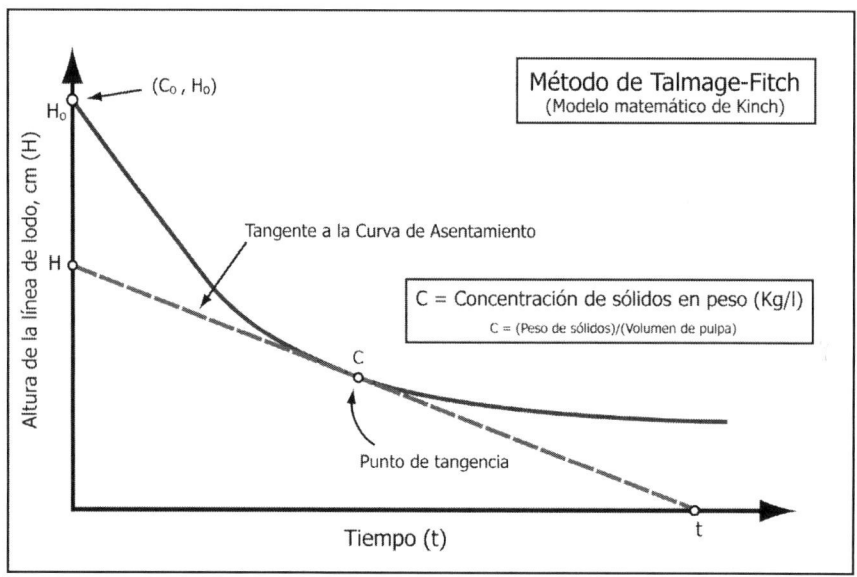

Figura 24. Curva para la obtención del valor H.

La expresión para el cálculo del área del espesador a través del método de Talmage Fitch es la siguiente:

$$A = \frac{W \times t_u}{C_o \times H_o} \quad (6)$$

sabiendo que:
- *A*, área total de sedimentación del espesador (m²).
- *W*, caudal, o capacidad requerida, de sólidos en peso (kg/h).
- t_u, tiempo en alcanzar la concentración de salida (C_u), horas.
- C_o, concentración inicial de sólidos por unidad de volumen de pulpa (kg/m³).
- H_o, altura inicial (m).

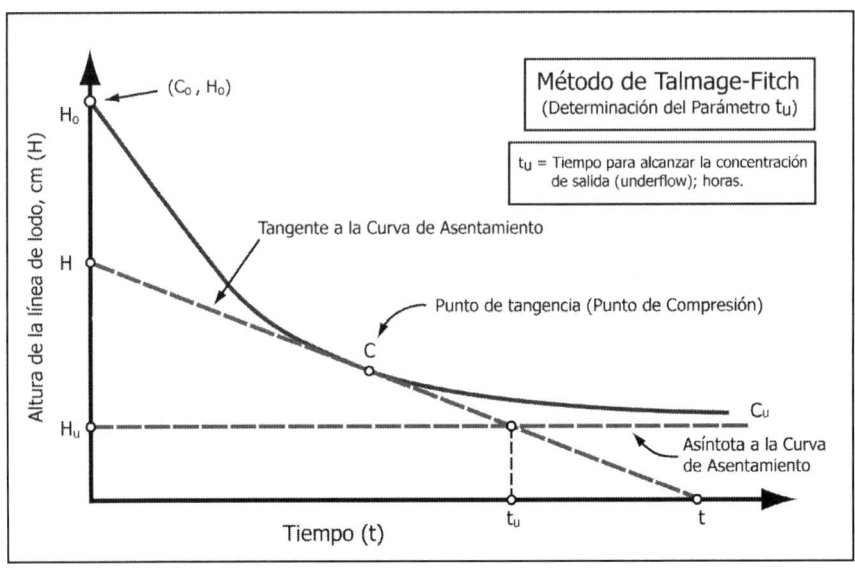

Figura 25. Determinación de t_u.

El punto C, es el punto a partir del cual comienza la compresión de la pulpa y se determina a través de ensayos.

Existe otra forma de operar a través del método de Talmage y Fitch, que determina t_u a partir de la concentración del hundido C_u y conocido el punto de compresión (concentración C).

La velocidad de sedimentación R es la pendiente de la recta tangente al punto de compresión C (Figura 26), siendo su valor:

$$R = \frac{H - H_u}{t_u} \quad (7)$$

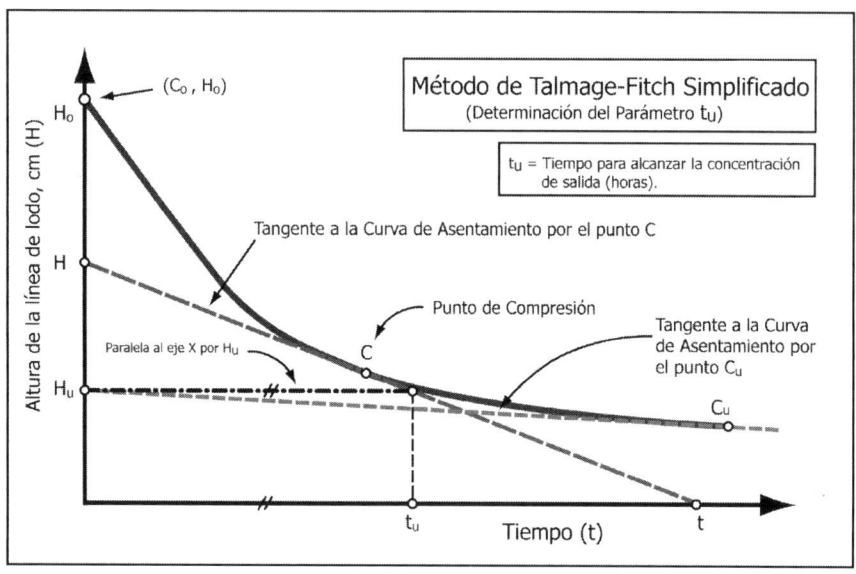

Figura 26. Determinación del parámetro t_u.

El valor de R de la expresión anterior se introduce en la Ecuación 4 de Coe y Clevenger y nos queda:

$$A = \frac{\left(\dfrac{1}{C} - \dfrac{1}{C_u}\right) \times W}{\left(H - H_u\right) / t_u} \quad (8)$$

Si a esta ecuación aplicamos la Ecuación 5 de Kinch obtenemos de nuevo la Ecuación 6 de Talmage y Fitch.

Para el caso en el que $H_u > H_c$, la velocidad de sedimentación V_n se obtiene como se presenta en la siguiente figura:

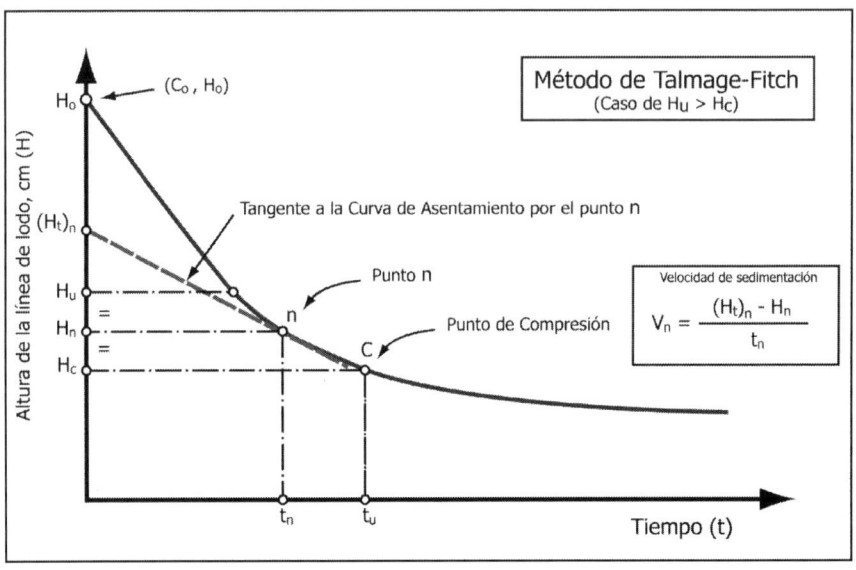

Figura 27. Determinación de la velocidad de sedimentación V_n (R).

Método de Oltman

Para aplicar este método, se debe conocer el punto de compresión (concentración C) y la fórmula que se aplica para el cálculo del área de sedimentación una vez conocido el parámetro t_u es la Ecuación 9:

$$A = \frac{W \cdot t_u}{C_o \cdot H_o} \quad (9)$$

El valor de t_u se obtiene como se muestra a continuación:

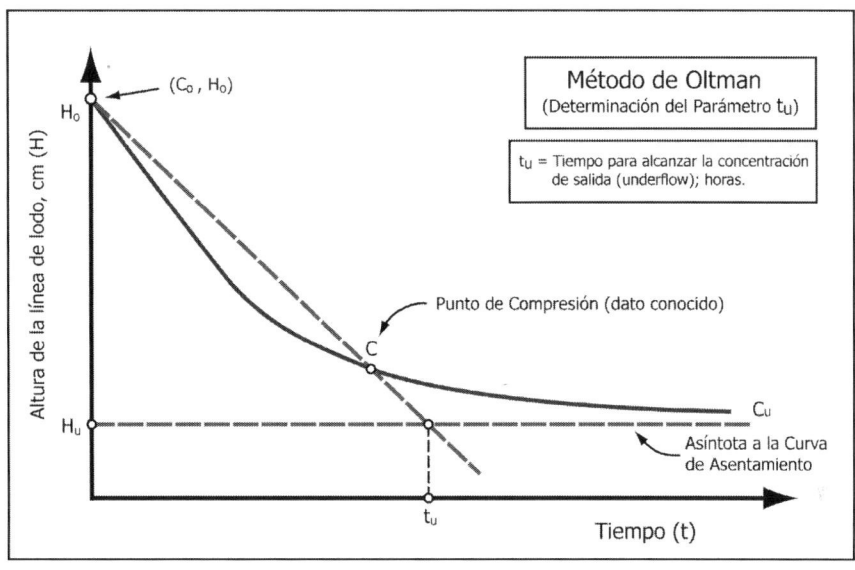

Figura 28. Determinación de t_u. Método Oltman.

Método de la bisectriz

Este método se recomienda cuando se desconoce el punto de compresión de la pulpa (concentración C), resultando que el área de sedimentación obtenida estará calculada por exceso.

Para el cálculo de t_u se obtiene gráficamente a través de dos caminos como muestran las siguientes figuras.

La primera figura se emplea cuando se persigue una concentración final de espesamiento en el hundido, C_u, y la segunda figura se empleará cuando no se pretende llegar a una concentración máxima sino a una concentración intermedia, C_I.

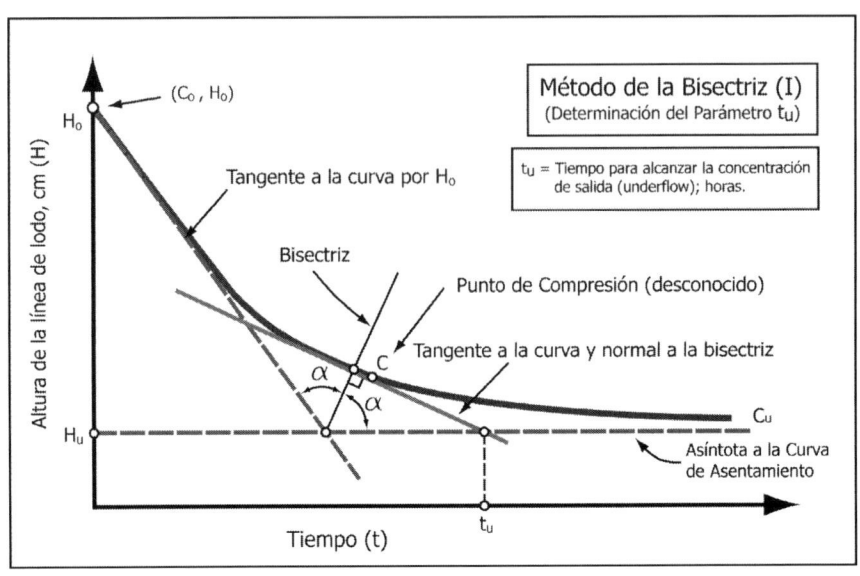

Figura 29. Método de la bisectriz (I).

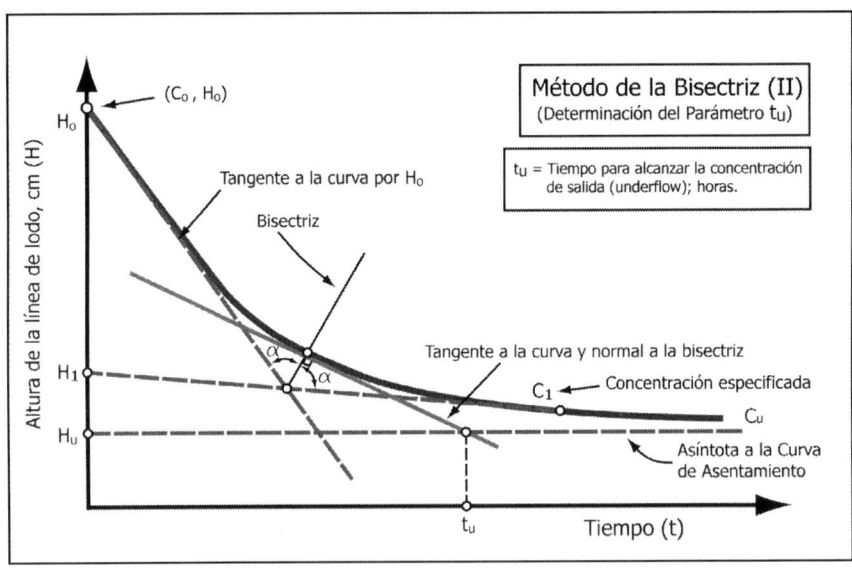

Figura 30. Método de la bisectriz (II).

Dimensionado del Área de Clarificación

En el cálculo de un clarificador se debe tener en cuenta que el área del clarificador debe ser adecuada para que la velocidad ascensional del fluido sea inferior a la velocidad de sedimentación de las partículas que se pretenden separar.

La *carga de superficie* S, de un clarificador tiene por expresión:

$$S = \frac{Q_o}{A} = \frac{H_o}{t_o} \quad (\text{m}^3/\text{m}^2 \cdot \text{h})$$

(10)

La velocidad de sedimentación (H_o/t_o), se puede obtener gráficamente de la pendiente de la curva de sedimentación (Figura 31).

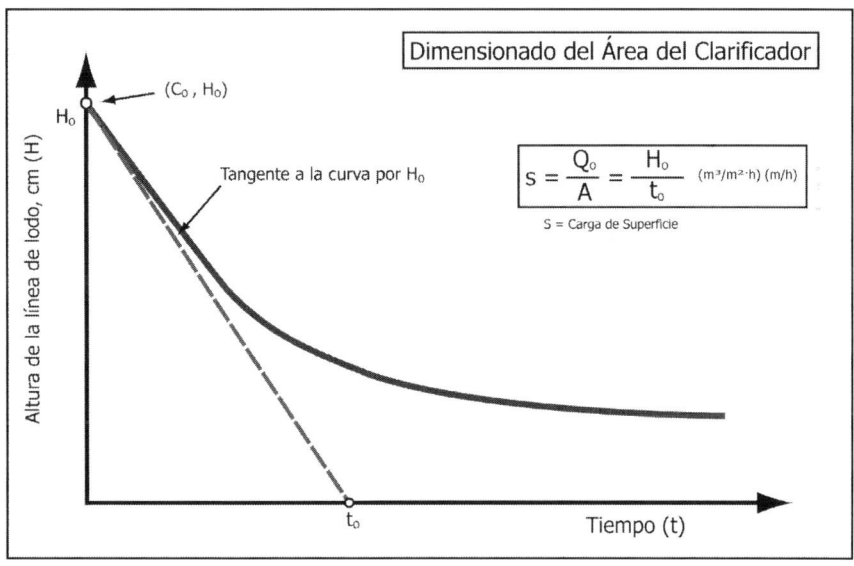

Figura 31. Determinación de la velocidad de sedimentación.

El área del clarificador vendría dada por:

$$A_{cl} = \frac{Q_o}{S} \quad (m^2)$$

(11)

Profundidad del Tanque (h_c)

Para el cálculo de la profundidad del tanque empleamos la fórmula:

$$h_c = \frac{t \times (\rho_s - \rho_F)}{A \times \rho_s \times (\rho_p - \rho_F)}$$

(12)

siendo:
- h_c, altura de la zona de compresión (m).
- t, tiempo para que el lodo se consolide (h).
- ρ_s, peso específico del sólido.
- ρ_P peso específico del fluido (normalmente 1).
- $\rho_{p'}$ peso específico de la pulpa en la zona de compresión.
- A, área de sedimentación (m²).

En la Figura 10, se puede observar la zona de compresión junto con la profundidad del tanque que se ha de calcular (h_c). Esta no debe de exceder de 1,5 m y se le debe sustraer la zona cónica del fondo del tanque.

Para el cálculo de la profundidad del tanque se puede emplear el método gráfico que se presenta en la siguiente figura:

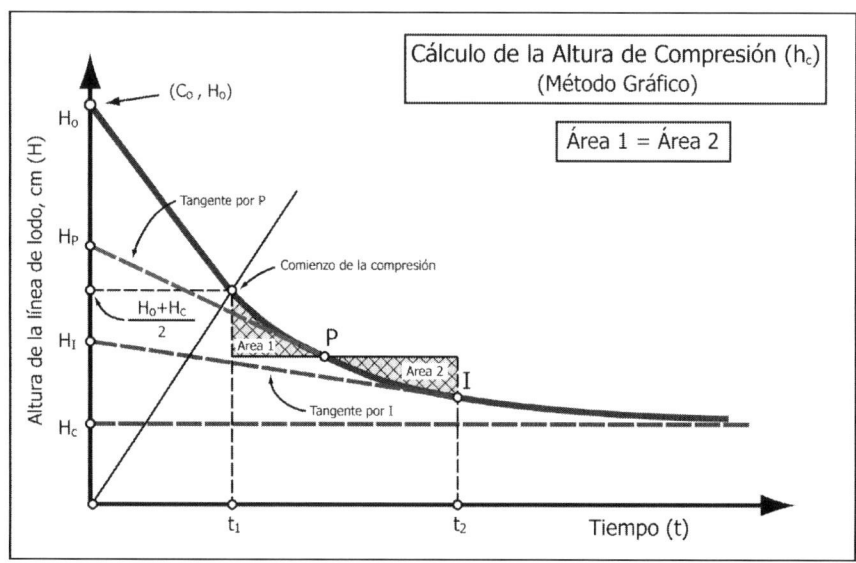

Figura 32. Determinación de h_c. Método gráfico.

Según la Figura 32, con la igualación de áreas 1 y 2, se obtiene el punto P.

Tenemos que volumen total (V_T) es:

$$V_T = \frac{1000 \times W}{C_P} \quad \text{(l/h)}$$

(13)

Donde: W (t/h); C_P (Kg/l) obtenida con la tangente a P (se obtiene el punto H_P) y a través de la siguiente expresión:

$$C_P = \frac{C_o \times H_o}{H_P}$$

(14)

El volumen total de compresión (V_{TCP}) viene dado por la siguiente ecuación:

$$V_{TCP} = V_T \times (t_2 - t_1) \quad (15)$$

y la altura de compresión por:

$$h_c = \frac{V_{TCP}}{A_{espesador}} < 1,5 \text{ m} \quad (16)$$

1. Ejercicio sobre diseño de espesadores

Después de realizar una prueba de sedimentación estacionaria con una pulpa de relave de flotación de cobre se tienen los siguientes datos:

t [min]	0	1	2	3	5	10	15	20	25	30	35	40	45	50
h [cm]	25,0	22,4	20,4	18,8	15,9	12,5	10,8	10,0	9,5	9,1	8,9	8,7	8,6	8,5

Se necesita espesar la pulpa de relave antes de transportarla al depósito de almacenamiento final. El relave de flotación descarga 80 t/h de sólidos a una densidad de pulpa de 1,15 g/cm³. Se espera una densidad objetivo de 1,45 g/cm³ en la descarga del espesador. Se pide:

a. El tiempo critico de sedimentación, la interfaz de altura critica de cama, la interfaz de altura inicial de cama.

b. Calcular la altura de cama final a la densidad de pulpa objetivo.

c. Calcular el tiempo para alcanzar la concentración esperada en el cono de descarga o hundido (*underflow*).

d. Calcular la velocidad de sedimentación.

e. Calcular el área superficial del espesador y el diámetro equivalente.

f. Calcular el volumen y altura del espesador.

g. Elaborar un cuadro de cálculo correspondiente a cada función interfaz en función a las concentraciones alcanzadas. Calcular las áreas superficiales unitarias de acuerdo con Coe & Clevenger y Kynch. Determinar los valores representativos de área unitaria (UA).

Solución:

Procedimiento de cálculo

Lo primero es realizar los cálculos preliminares a partir de los datos del enunciado:

1. Concentraciones de pulpa (C_o y C_u), a partir de las densidades (se realizan las conversiones de densidad a porcentaje de sólidos en peso (%w/w), y kg/m^3 asumiendo una gravedad específica para el mineral sólido de 2,7 g/cm^3).

Para obtener estas concentraciones se puede hacer uso de las siguientes expresiones (ANEFA, 2020):

$$\%w/w = \frac{\rho_s \times \left(\rho_p - \rho_l \right)}{\rho_p \times \left(\rho_s - \rho_l \right)} \quad (17)$$

$$C = \frac{\rho_l \times 10^3}{\dfrac{1}{\%w/w} - \dfrac{\left(\rho_s - \rho_l \right)}{\rho_s}} \quad (18)$$

Nota: El término %w/w también se suele expresar como C_w, y las concentraciones (C_o y C_u) se refieren al peso de sólido seco contenido por unidad de volumen de pulpa, expresándose en kg/m^3 (g/l), también expresadas como J en la bibliografía.

	Densidad pulpa, g/cm³	Concentración sólidos, %w/w	Peso del sólido seco por unidad de volumen de pulpa, kg/m³
C_o	1,15	0,2072	238,2
C_u	1,45	0,4929	714,7

2. Cálculo del flujo volumétrico de pulpa (Q_o):

El caudal de sólidos, según el enunciado, es de 80 t/h (Q_m)
El caudal de pulpa, en volumen, se obtiene como:

$$Q_o = \frac{Q_m}{C_o} = \frac{80 \text{ t/h}}{0,2382 \text{ t/m}^3} = 335,8 \text{ m}^3/\text{h}$$

$$(19)$$

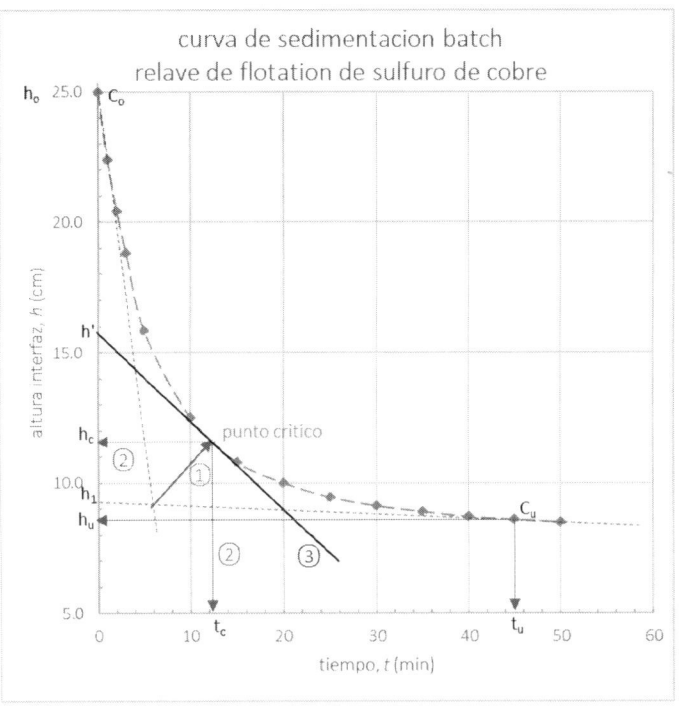

Figura 33. Gráfico de la curva de sedimentación obtenida con los datos del enunciado para el método de la bisectriz.

En la Figura 33 se facilita el gráfico de la curva de sedimentación, con los correspondientes trazos usando el método de la bisectriz/objetivo de espesamiento a concentración intermedia solicitada en el enunciado. 1 indica el trazo de la bisectriz a partir de las tangentes a h_o y h_1. 2 indica las proyecciones a partir del punto crítico hacia los correspondientes parámetros críticos. 3 indica el trazo de la tangente al punto crítico que se extiende hacia el intercepto.

Del grafico de la Figura 33 se extraen los parámetros de diseño del espesador:

a. t_c = 12,3 mm; h_c = 11,5 cm; h_o = 25 cm.
b. De la relación: $C_o h_o = C_u h_u$ se obtiene h_u = 238,2*25 / 714,7 = 8,3 cm.
c. Del gráfico: t_u = 45 min.
d. Primero se determina intercepto de tangente en interfaz de inicio h_o' = 25 cm.
   Velocidad de sedimentación (u_2 = pendiente) en t_1 (1 min) = $(h_o' - h_1) / t_1$
   u_2 = (25 – 22,4) / 1 = 2,625 cm/min = 1,575 m/h.
e. Área superficial del espesador A = Q_o/u_2 = 335,8/1,575 = 213,21 m².
   Diámetro equivalente, $D = \sqrt{4A / \pi} = 16,5$ m
f. Volumen (V) y altura (H) del tanque espesador:
   Para el tiempo de residencia de t_u = 45 minutos se establece que:

$$V = Q_o \times t_u = 335,8 \times \frac{45}{60} = 251,85 \text{ m}^3$$

$$H = \frac{V}{A} = \frac{251,85}{213,21} = 1,18 \text{ m}$$

g. A continuación, se facilita la tabla con los parámetros de diseño calculados en relación con la función interfaz. Primero se determina el intercepto H para cada punto de compresión registrado en la prueba *batch*. Luego se determina la velocidad de sedimentación expresada como R:

Tiempo	Altura interfase	Intercepto de tangente en la interfase H	Velocidad sedimentación R = pendiente = H-h/t	en la interfaz		en el intercepto			Coe and Clevenger $UA = (1/R)(1/c_2 - 1/c_u)$	Kynch $UA = (1/R)(1/c_i - 1/c_u)$
				Concentración de sólidos en la interfase $c_2 = c_0 h_0/h$	Densidad de pulpa en la interfase	Concentración de sólido en el intercepto $c_i = c_0 h_0/H$	Densidad de pulpa en el intercepto	Concentración de sólidos objetivo en el hundido, c_u		
t [min]	h [cm]	H [cm]	R [m/h]	c_2 [kg/m³]	d [g/cm³]	c_i [kg/m³]	d [g/cm³]	c_u [kg/m³]	UA m²/kg/h	UA m²/kg/h
0	25.0	25		238.2	1.150	238.2	1.150	714.7		
1	22.4	25	1.575	266.2	1.168	238.2	1.150	714.7	0.0015	0.0018
2	20.4	25	1.373	291.6	1.184	238.2	1.150	714.7	0.0015	0.0020
3	18.8	24	1.035	316.4	1.199	248.2	1.156	714.7	0.0017	0.0025
5	15.9	21	0.618	375.8	1.237	283.6	1.179	714.7	0.0020	0.0034
10	12.5	17.5	0.300	476.5	1.300	340.3	1.214	714.7	0.0023	0.0051
15	10.8	14.5	0.148	551.5	1.347	410.8	1.259	714.7	0.0028	0.0070
20	10.0	12.5	0.075	595.6	1.375	476.5	1.300	714.7	0.0037	0.0093
25	9.5	11.5	0.049	630.3	1.397	517.9	1.326	714.7	0.0038	0.0108
30	9.1	10.9	0.036	653.1	1.411	546.4	1.344	714.7	0.0037	0.0121
35	8.9	10.5	0.027	6692	1.421	567.2	1.357	714.7	0.0035	0.0133
40	8.7	10	0.020	684.6	1.431	595.6	1.375	714.7	0.0032	0.0144
45	8.6	9.5	0.012	692.5	1.436	626.9	1.395	714.7	0.0037	0.0163
50	8.5	9.2	0.008	700.7	1.441	647.4	1.408	714.7	0.0033	00173

De la tabla anterior, por norma se toma el mayor valor de área unitaria (UA) para proteger contra la perdida de sólidos.Clevenger: UA = 0,0038 m^2/kg/h

Kynch: UA = 0,0173 m^2/kg/h

Espesadores de Alta Capacidad

Los espesadores de alta capacidad (en inglés, *high-capacity thickeners*), se tratan en algunos equipos de espesadores convencionales con modificaciones importantes (Figura 34), normalmente presentan tubos de alimentación más grandes y profundos, además la alimentación suele introducirse en combinación con reactivos floculantes, consiguiendo bajar la superficie del espesador requerida para obtener una tonelada de sólido seco por día desde 0,5-0,9 m^2, para un espesador convencional, a 0,3-0,6 m^2.

Con la aparición de los floculantes sintéticos han aparecido equipos con los que se consiguen rendimientos de espesado mayores que con los equipos convencionales y necesitando menores superficies de sedimentación. Estos equipos caen dentro de las categorías de alta capacidad y de alto ratio (en inglés, *high rate*).

En los espesadores de Alta Capacidad se ha trabajado en el diseño del tubo de alimentación (en inglés, *feedwell*) para que las partículas minerales sean floculadas y cuidadosamente mezcladas y posteriormente inyectadas de forma uniforme y radial a la zona de sedimentación obstaculizada (en inglés, *hindered settling*).

Figura 34. Espesador de alto ratio con tanque de acero elevado (cortesía de Metso-Outotec).

En la Figura 35 se muestra sistema para el auto mezclado de la pulpa con los floculantes a través de un inyector, previo a la entrada del tubo de alimentación. Se trata de un dispositivo de Eimco Process (FLSmidth) denominado E-DUC, *Self-Diluting Feedwell*.

Sistema E-DUC (FLSmidth)

1.

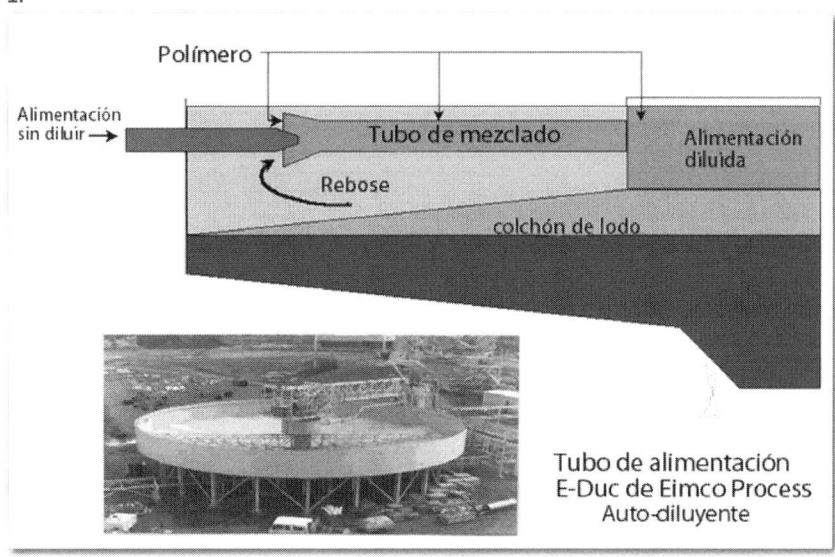

2.

Figura 35. Sistema E-DUC Self-Diluting (cortesía de FLSmidth). Fuente: https://www.flsmidth.com/en-gb/discover/mining-2017/ underwater-camera-can-save-10-percent-flocculants

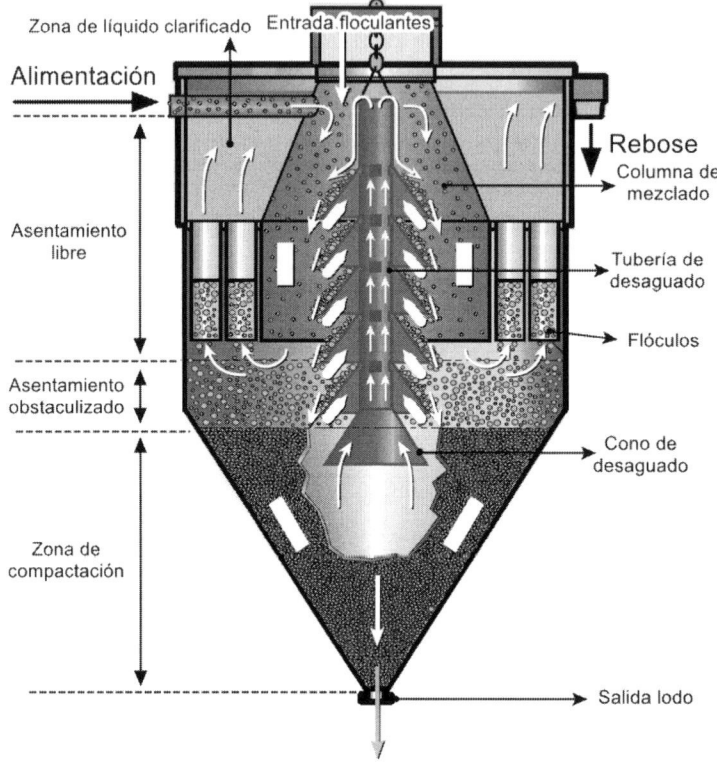

Clarificador/Espesador E-CAT (FLSmidth)

Figura 36. Clarificador/espesador Eimco E-CAT (cortesía de FLSmidth).

Existen espesadores de alto ratio sin rastrillos que emplean alturas de tanque elevadas (en inglés, *deep tank*) con el fondo muy inclinado formando un cono para obtener un lodo de alta densidad. Por lo tanto, el objetivo de estos equipos será el obtener un hundido denso y un rebose perfectamente clarificado con el empleo de los floculantes. Un ejemplo de estos equipos es el espesador/clarificador E-CAT de Eimco Process (FLSmidth) (Figura 36). Esta unidad ofrece un bajo tiempo de residencia de la pulpa dentro del tanque y requiere muy poco tiempo para alcanzar el nivel de operación (30 minutos). Estas unidades trabajan en proceso continuo por lo que no se pueden emplear como unidades intermedias de almacenamiento.

Al no disponer de rastrillo el lodo espesado es conducido con unidades mecánicamente muy simples.

En la década de los 60 surgieron unos espesadores para la industria del carbón a raíz de los estudios llevados a cabo por la *British Coal Board*, este tipo de equipos consistían en tanques con forma de cono invertido que proporcionan un lodo final con una elevada cantidad de sólidos, 65-70 % de sólidos en peso. Este hundido se descarga neumáticamente sobre una cinta transportadora a través de la salida inferior comandada por unos transductores de carga localizados sobre la pared del equipo. Dispone de unos agitadores que facilitan el espesamiento de la pulpa girando a una velocidad de 2 rpm. Es necesario el empleo de floculantes que pueden ser añadidos directamente al canal de alimentación o bien prepararse previamente en tanques mezcladores. Se construyen con diámetros de cono comprendidos entre 3 y 3,7 m, manejando alimentaciones con contenidos de un 5 % de sólidos en peso. En la actualidad, han aparecido también otros equipos basados en este principio de funcionamiento como es el caso del *Deep Cone Paste Thickeners* y el *Hi-Tonnage Paste Thickener* de Eimco Process (grupo FLSmidth) o el Cone Thickener de Metso:Outotec (Figura 37).

Figura 37. Espesador de cono con agitador (cortesía de Metso-Outotec).

Con estos equipos se obtiene un material que está en los límites para su transporte por bombeo. Estas unidades manejan acumulaciones de lodo con elevada altura con el fin de aprovechar las acciones de compresión que ayudan en la acción de desaguado. Aplicaciones de estos equipos son la producción material de relleno en minería subterránea, tratamiento de lodos en la industria de alúmina, espesado de estériles de flotación de carbones, etc.

Espesadores de Lamelas o de Placas

Los espesadores de lamelas surgen como resultado de los estudios para obtener mayores rendimientos por unidad de área que los obtenidos con los espesadores convencionales, a través de multiplicar la superficie disponible para el asentamiento en un volumen reducido; gracias a la incorporación de placas inclinadas. Consiguiendo de este modo disminuir la superficie necesaria para la instalación.

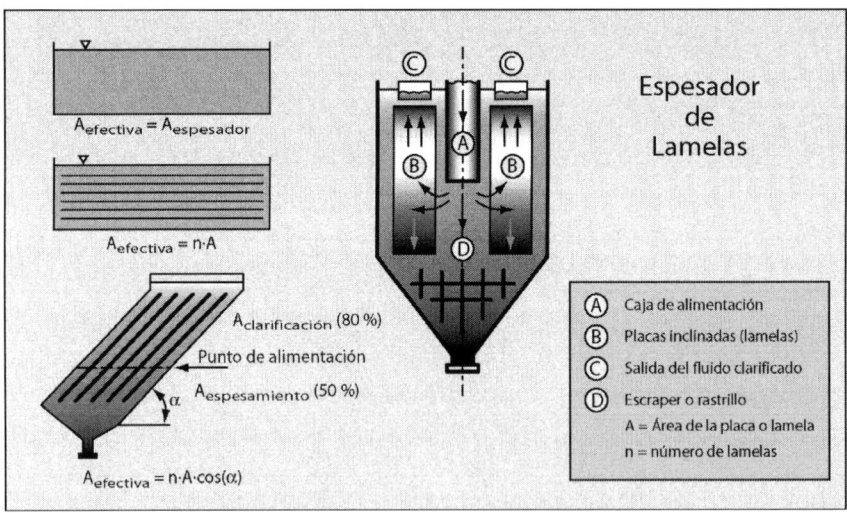

Figura 38. Principio de un espesador de lamelas.

Las placas inclinadas obligan a que los sólidos se deslicen a través de ellas haciendo que caigan dentro de la tolva inferior. Siendo el área efectiva del equipo la proyección horizontal de dichas lamelas (Figura 38).

El área efectiva ($A_{efectiva}$) de sedimentación viene dada por la siguiente expresión:

$$A_{efectiva} = n \times A \times \cos \alpha$$

siendo:

* n, número de lamelas.
* A, área superficial de cada placa.
  * α, ángulo entre la placa y el plano horizontal.

Figura 39. Espesador de lamelas con tanque de agitado IPS (cortesía de Metso-Outotec).

Estos equipos suelen disponer de vibración para someter al lodo hundido a compresiones que ayuden a la liberación del fluido y a facilitar su salida inferior. Un equipo de este tipo (Figura 39) de 7,8 m de ancho puede llevar a cabo la sedimentación equivalente a un espesador convencional de 22,5 m de diámetro.

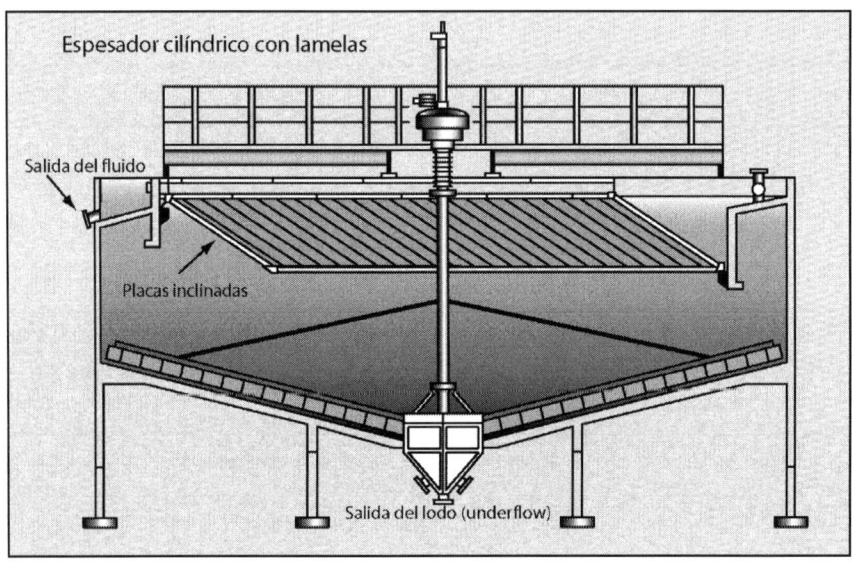

Figura 40. Espesador cilíndrico con placas inclinadas.

Metso:Outotec suministra tanques circulares (Combi LTC Lamella Clarifier) en los que se instalan grupos de placas inclinadas para mejorar la sedimentación y aumentar la capacidad de almacenamiento con diámetros de 25 metros (Figura 40).

Metso:Outotec suministra un tipo de equipo desaguador/clarificador que consiste un clasificador mecánico de tornillo (Figura 41) que incorpora grupos de placas o lamelas para incrementar la capacidad de desaguado para sólidos de tamaños gruesos. Los tamaños de cuba van desde un volumen de 8 m^3 hasta volúmenes de 70 m^3 para las mayores unidades pudiendo llegar a capacidades de tratamiento de 1000 m^3/h.

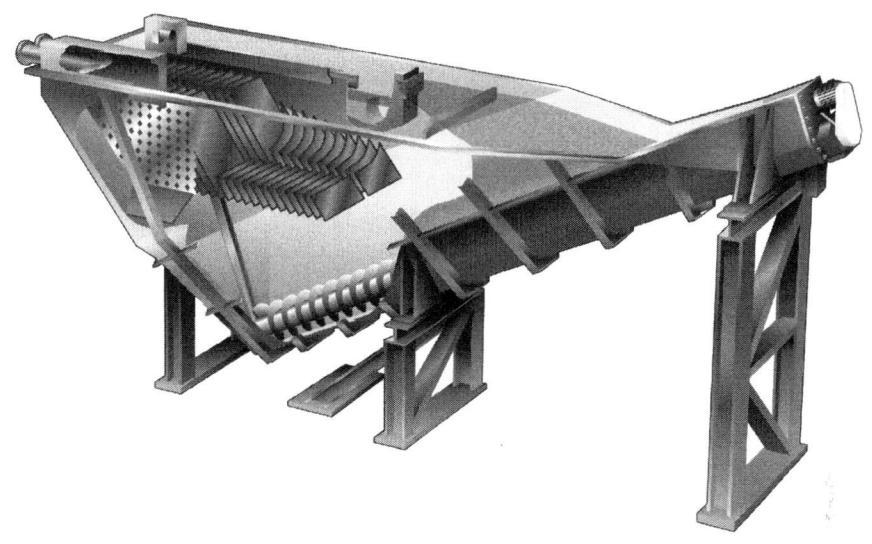

Figura 41. Clarificador/Espesador de tornillo con placas inclinadas (cortesía de Metso-Outotec).

FLSmidth posee el **Eimco Delta-Stak**, que emplea un diseño particular pero basado en las placas inclinadas dando lugar a un equipo muy compacto con requerimientos de espacio inferiores a los exigidos por los equipos vistos anteriormente. Este equipo se emplea para clarificar aguas que contienen partículas de caliza, mármol, etc., entre otras industrias de procesado de minerales.

Reglas prácticas (rules of thumb) - Espesadores

Selección de espesadores

- Para minerales de alta densidad, por ejemplo, mineral de hierro, es preferible un espesador de alta velocidad o un espesador de pasta a un espesador tradicional. Mientras que los espesadores de pasta están hechos para densidades aún más altas y pueden producir una consistencia similar a la de una pasta, los espesadores de alta velocidad tienen una velocidad de sedimentación más rápida y pueden manejar concentraciones de sólidos más altas. Ambos tipos de espesadores pueden deshidratar y eliminar lodos de alta densidad de manera eficiente, y se usan con frecuencia en la industria minera para el manejo de relaves.

- Para minerales de baja densidad, un espesador de alta velocidad es la mejor opción. Los espesadores de alta velocidad requieren una pequeña dosificación de floculante para funcionar y pueden manejar grandes cantidades de alimentación con contenidos de sólidos relativamente bajos. Esto los hace perfectos para situaciones donde el alto rendimiento y los bajos costos operativos son importantes, como el procesamiento de materias primas de baja densidad como el carbón. El diámetro de los espesadores de alta velocidad suele ser menor que el de los espesadores tradicionales, lo que reduce el espacio ocupado por el equipo. Además, con frecuencia tienen una profundidad menor, lo que disminuye la distancia de sedimentación de los sólidos y acelera la sedimentación. Consideraciones de diseño de espesadores en procesamiento de minerales

Pasos en el diseño de espesadores

- Características de alimentación: características físicas y químicas del material, la velocidad de alimentación, la concentración de sólidos y la distribución del tamaño de las partículas del material de alimentación al espesador.
- Velocidad de sedimentación: La velocidad de sedimentación de los sólidos en la alimentación, que se determina realizando pruebas de sedimentación.
- Criterios de diseño: Tasas de subdesbordamiento o de descarga central y de desbordamiento o rebose. Se deben establecer las tasas de descarga de flujo inferior (concentración) y desbordamiento (claridad) deseadas para garantizar que el espesador funcione de manera eficiente.

- Selección de geometría: Diámetro y profundidad del tanque y el ángulo del cono. El diámetro y la profundidad del tanque se determinan con base en el área de superficie requerida para el asentamiento y la carga de sólidos esperada.

- Diseño y velocidad de rastra: el diseño y la velocidad de rastra son importantes para asegurar una mezcla adecuada del material de alimentación y facilitar la sedimentación y eliminación efectiva de los sólidos en el fondo del tanque. El diseño incluye la longitud del brazo del rastrillo, el ancho de la hoja y la velocidad de la rastra.

- Diseño del pozo de alimentación: el pozo de alimentación es importante para distribuir el material de alimentación uniformemente en la superficie del espesador. El diseño incluye el tamaño y la forma del pozo de alimentación, así como la ubicación del punto de entrada de alimentación.

- Diseño de la descarga de flujo inferior: el sistema de descarga de flujo inferior está diseñado para garantizar que el lodo espesado se descargue de manera eficiente. Esto incluye el diseño del cono de flujo inferior, la tubería de descarga y la válvula de descarga.

- Sistema de accionamiento: El sistema de accionamiento, incluidos el motor y la caja de engranajes, debe seleccionarse en función del torque necesario para hacer girar el rastrillo y el ciclo de trabajo esperado.

- Sistema de control: El sistema de control debe diseñarse para monitorear y controlar la operación del espesador, incluida la velocidad de alimentación, la dosificación de floculante, las tasas de subdesbordamiento y desbordamiento y la concentración de sólidos.

- Simulación y optimización: el diseño del espesador se simula y optimiza para garantizar que cumpla con los criterios de diseño y funcione de manera eficiente.

- Materiales de construcción: la selección de materiales de construcción en función de las propiedades del material de alimentación y las condiciones de funcionamiento, incluidos la temperatura, el pH y la corrosividad del material de alimentación.

El área superficial en espesadores

- El área superficial se refiere al área total de la sección transversal horizontal del tanque que está disponible para la sedimentación de partículas sólidas. El área superficial determina la velocidad de sedimentación de las partículas y el tiempo de residencia requerido para lograr el grado de separación deseado.
- El área de superficie expresado en términos de metros cuadrados por unidad de caudal de alimentación (m^2/m^3), está directamente relacionada con el diámetro del tanque y la altura del lodo sedimentado. Aumentar el área de superficie de un espesador puede mejorar su rendimiento al permitir una mayor sedimentación de partículas sólidas, mientras que disminuir el área de superficie puede reducir el tiempo de residencia requerido y el consumo de energía.
- El área superficial de un espesador se puede calcular utilizando modelos matemáticos basados en la geometría del tanque, el caudal de alimentación y las propiedades físicas del material de alimentación. El diseño de un espesador generalmente implica determinar el área de superficie requerida en función del grado de separación deseado y luego seleccionar una geometría de tanque y condiciones de operación apropiadas para lograr esta área de superficie.
- El área superficial de los espesadores utilizados en el procesamiento de minerales puede variar ampliamente según la aplicación específica y los requisitos de procesamiento. Sin embargo, un rango típico de área de superficie para espesadores convencionales es de alrededor de 1-3 m^2/m^3, mientras que los espesadores de alta velocidad pueden tener áreas de superficie de hasta 12-16 m^2/m^3.

- El área superficial generalmente se selecciona en función de la tasa de sedimentación esperada de los sólidos y el tiempo de retención requerido para lograr la separación deseada. Factores como la concentración de sólidos de alimentación, la distribución del tamaño de las partículas y las propiedades reológicas de la suspensión también pueden influir en el área de superficie requerida.
- Hay que tener en cuenta que el área de superficie real de un espesador puede verse afectada por factores tales como la presencia de deflectores en los pozos de alimentación, el diseño del lavado y la presencia de rastrillos u otros agitadores mecánicos. Por lo tanto, se recomienda usar modelos o pruebas para determinar el área de superficie adecuada para una aplicación específica.
- El área superficial requerida para espesar concentrados de sulfuros de cobre o zinc en un espesador está en el rango de 1 a 3 m^2/m^3. Este rango se aplica a relaves sulfurados como aquellos altamente concentrados en piritas. El área superficial se puede aumentar para aplicaciones donde la concentración de sólidos de alimentación es alta o la distribución del tamaño de las partículas es fina, lo que requeriría tiempos de sedimentación más prolongados.

El área de superficie requerida para espesar relaves de baja densidad en un espesador puede ser un desafío debido a la baja velocidad de sedimentación de las partículas de arena. Este puede oscilar entre 0,1 y 1 m^2/m^3. Es posible emplear espesadores de alta velocidad o en pasta, para para lograr áreas superficiales más altas y una sedimentación eficiente de las partículas.

Diseño de rastrillo y velocidad de rastrillo en espesadores

- El diseño y la velocidad del rastrillo en los espesadores determinan la eficiencia del proceso de sedimentación y la eliminación de los sólidos sedimentados del fondo del tanque.
- Diseño de rastrillo: Generalmente formado por una serie de cuchillas o dientes que se unen a un eje giratorio. La geometría de la cuchilla o del diente se diseña para promover la eliminación de sólidos sedimentados levantándolos y moviéndolos hacia el centro del tanque, donde pueden ser eliminados por los brazos de rastrillo o recolectados en el flujo inferior.
- Velocidad de rastrillo: La velocidad del rastrillo generalmente está determinada por la velocidad de sedimentación de los sólidos y la densidad de flujo inferior deseada de manera que los sólidos sedimentados se eliminen del fondo del tanque antes de que se compacten y sean difíciles de eliminar. Cuando la velocidad del rastrillo es demasiado alta, puede causar que los sólidos sedimentados se fluidifiquen, lo que puede reducir la eficiencia del proceso de sedimentación. La velocidad del rastrillo debe ajustarse periódicamente de acuerdo con las características del material de alimentación, las tasas de sedimentación y la densidad del subdesbordamiento que se desea.

Pozo de alimentación (feedwell) en espesadores

- Las funciones principales del pozo de alimentación incluyen: distribuir el flujo de alimentación uniformemente a lo largo del diámetro del espesador, reducir la turbulencia de la suspensión de alimentación para minimizar la entrada de aire en la zona de sedimentación, proporcionar una zona de reposo para la suspensión de alimentación para promover la sedimentación y evitar cortocircuitos.

- Un pozo de alimentación bien diseñado puede mejorar la eficiencia de sedimentación del espesador, reducir el tiempo de residencia requerido para que la pulpa alcance el desbordamiento y mejorar la claridad del desbordamiento.

- La alimentación generalmente se introduce en el espesador por encima de la zona de espesamiento debido a que el proceso de sedimentación se lleva a cabo en la parte inferior del espesador donde la concentración de sólidos aumenta por gravedad. La introducción de la alimentación por encima de la zona de espesamiento permite un mejor control del proceso y proporciona un tiempo de residencia suficiente para la sedimentación de los sólidos.

- La velocidad del caudal en el pozo de alimentación puede variar según el diseño y el tamaño del equipo, así como las características del material que se procesa. En general, la velocidad de flujo en el pozo de alimentación está en el rango de 0,3 a 1 m/s.

Tipos y usos de pozo de alimentación
(feedwell) en espesadores

- De tubería abierta; simplemente una tubería de extremo abierto que permite que la pulpa de alimentación fluya hacia el espesador sin ninguna mezcla o dilución adicional.

- De alimentación acampanado; que es similar al pozo de alimentación de tubería abierta, pero la tubería se ensancha hacia afuera para crear una abertura más amplia, lo que permite reducir la velocidad del lodo entrante y minimizar el riesgo de turbulencia.

- De alimentación del tubo de tiro; que utiliza un tubo de tiro que se extiende hacia el espesador. La suspensión se introduce en el tubo de aspiración, donde se mezcla con agua de dilución antes de descargarse en el cuerpo principal del espesador con el fin de reducir la velocidad del lodo entrante y minimizar el riesgo de turbulencia.

- De bajo arrastre; que está diseñado para minimizar las fuerzas de arrastre que pueden ocurrir cuando la pulpa ingresa al espesador. Presentan una sección inferior en forma de cono que ayuda a reducir la turbulencia y promueve la sedimentación.
- De aireación previa; que introduce aire u oxígeno en la suspensión antes de que entre en el espesador, con el fin de mejorar la velocidad de sedimentación y reducir la cantidad de floculante.

Deflectores en espesadores

- Los deflectores son barreras verticales o placas que se instalan dentro del tanque de un espesador para dirigir el flujo de la pulpa entrante y que esta se distribuya uniformemente por la superficie del espesador.
- Se utilizan para mejorar el rendimiento del equipo mediante la reducción de la turbulencia y el cortocircuito del flujo de pulpa. Cuando la pulpa ingresa al espesador, puede crear turbulencias y vórtices que pueden reducir la eficiencia de sedimentación y aumentar el tiempo de residencia de los sólidos. Los deflectores ayudan a minimizar estos efectos.

Muescas de desbordamiento en espesadores

- Las muescas en V de desbordamiento se diseñan para controlar la velocidad de desbordamiento en los espesadores, los cuales se ajustan en función de los requisitos y condiciones específicos de la aplicación del espesador.
- La altura de la muesca en V debe ser aproximadamente un tercio de la profundidad de la canaleta de desagüe.
- La longitud de la muesca en V debe ser al menos cuatro veces la altura de la muesca en V.
- El ángulo de la muesca en V debe estar entre 45 y 60 grados.
- La muesca en V debe colocarse en el centro de la canaleta de desagüe.

- La profundidad de la muesca en V debe ser igual a la profundidad de la canaleta de desagüe.

Canal de desbordamiento de espesadores

- El canal debe ser lo suficientemente ancho para manejar el caudal máximo esperado sin desbordarse o crear gradientes de velocidad excesivos.
- El canal debe tener una pendiente de al menos 1:12 para evitar que los sólidos se asienten y para facilitar la limpieza y el mantenimiento.
- El canal debe tener una profundidad suficiente para evitar salpicaduras y proporcionar un tiempo de retención adecuado para la sedimentación de los sólidos.
- El canal debe diseñarse con una longitud suficiente para garantizar una distribución uniforme del flujo y evitar cortocircuitos.
- El canal debe diseñarse con una superficie lisa y resistente a la corrosión para evitar la acumulación y facilitar la limpieza.

Parámetros reológicos en el diseño de espesadores

- Los parámetros de reología se utilizan para cuantificar el comportamiento de flujo y deformación de los fluidos, y son importantes en el diseño de espesadores porque pueden afectar a la sedimentación y al espesamiento. Son parámetros reológicos clave, el límite de elasticidad, la viscosidad y la velocidad de sedimentación.
- El límite de elasticidad de la pulpa es la tensión mínima requerida para iniciar el flujo, y es un parámetro importante en el diseño del espesador, ya que determina la concentración mínima de flujo inferior que se puede lograr. Un límite de elasticidad elevado puede dar como resultado velocidades de sedimentación bajas y un rendimiento de espesamiento deficiente.

- La viscosidad de la suspensión es una medida de su resistencia al flujo y puede afectar la velocidad de sedimentación y la claridad del desbordamiento. Una viscosidad alta puede reducir la velocidad de sedimentación y aumentar el riesgo de rotura del floculante, mientras que una viscosidad baja puede dar como resultado una transparencia deficiente del rebose.

- La velocidad de sedimentación se afecta tanto por el tamaño y la concentración de las partículas como por las propiedades del fluido, como la viscosidad y el límite elástico. En el diseño de espesadores, se debe considerar el comportamiento de sedimentación de las partículas y el efecto de las propiedades del fluido en la velocidad de sedimentación.

- Los parámetros reológicos se pueden utilizar para optimizar el diseño de espesadores mediante la selección de diseños de rastrillo y pozo de alimentación apropiados, identificando la dosis óptima de floculante y las condiciones de mezcla, y prediciendo el comportamiento de sedimentación de las partículas en diferentes condiciones operativas.

Operación de espesadores

Arranque y Parada de espesadores

- Puesta en marcha: Antes, comprobar que todos los equipos estén en buenas condiciones de funcionamiento. Ponga en marcha el espesador y déjelo funcionar durante varios minutos para asegurarse de que todos los componentes funcionen correctamente.

- Velocidad de alimentación: Ajuste la alimentación al valor deseado y requerido por la operación y asegure que el espesador esté funcionando a su capacidad óptima.

- Densidad del flujo inferior: Monitoree que el espesador esté produciendo una densidad adecuada de sólidos. Ajuste la velocidad de alimentación o la dosis de floculante si es necesario para lograr la densidad de caudal inferior deseada.

- Claridad del desbordamiento: Monitoree la claridad del agua de desborde. Si la claridad es pobre, es una indicación de que el espesador no está funcionando de manera óptima. Revise y ajuste la velocidad de alimentación o la dosis de floculante según sea necesario.
- Mantenimiento del espesador: Inspeccione regularmente el espesador y sus componentes para asegurarse de que funcionan correctamente, en particular, el estado del mecanismo de rastrillo y la unidad de accionamiento, así como asegurarse de que el pozo de alimentación y los vertederos de desbordamiento estén limpios y libres de obstrucciones.
- Apagado: Antes de apagar el espesador, reduzca la velocidad de alimentación y mantenga el espesador funcionando durante varios minutos para asegurarse de que se haya procesado toda la suspensión. En espesadores con accionamiento de levante de rastra, izar el rastrillo por encima de la cama de pulpa remanente en el espesador.
- Es esencial seguir las instrucciones del fabricante y los procedimientos de operación específicos del sitio para garantizar una operación segura y eficiente.

Supervisión durante la operación de espesadores

- Mantenga una velocidad de alimentación constante – para garantizar una operación estable y minimizar las variaciones en la densidad de flujo inferior del espesador.
- Controle la densidad del flujo inferior – con regularidad para asegurarse de que esté dentro del rango deseado. Si la densidad del flujo inferior es demasiado baja, la concentración de sólidos en la salida es demasiado baja. Si la densidad del caudal inferior es demasiado alta, el espesador se está sobrecargando y que la concentración de sólidos en la salida es demasiado alta.

- Ajuste la velocidad del rastrillo – en función de la densidad del caudal inferior y las características de alimentación. Se necesitará una velocidad de rastrillo más lenta si la alimentación contiene partículas grandes o si la densidad del flujo inferior es demasiado baja. Se necesitará una velocidad de rastrillo más rápida si la alimentación contiene partículas finas o si la densidad del flujo inferior es demasiado alta.
- La dosificación de floculante – debe ajustarse en función de las características de alimentación y la densidad de caudal inferior deseada. Si la alimentación contiene partículas finas, es posible que se necesite una dosificación de floculante más alta para ayudar en la sedimentación.
- Controlar el nivel del desbordamiento – debe minimizarse para garantizar que se retenga la máxima cantidad de sólidos en el espesador. Si el nivel de desbordamiento es demasiado alto podría causar el arrastre de sólidos.
- Bombeo de flujo inferior adecuada – debe mantenerse en un nivel adecuado para garantizar que el espesador no se sobrecargue y que la densidad de flujo inferior esté dentro del rango deseado.

Supervisión del torque en espesadores durante la operación

- El torque en espesadores se refiere al torque o la fuerza de torsión requerida para rotar los brazos del rastrillo dentro del espesador. Este es un parámetro importante que proporciona una indicación de la resistencia o el arrastre que los sólidos en la pulpa ejercen sobre el mecanismo de rastrillo.
- Si el torque es demasiado alto, puede ser una indicación de que la pulpa es demasiado espesa, y es posible que el operador deba ajustar la dosis de floculante o la velocidad de alimentación para diluirla. Por el contrario, si el torque es demasiado bajo, puede indicar que la pulpa está demasiado diluida y se debe aumentar

la velocidad de alimentación o agregar más floculante para aumentar el contenido de sólidos.

Monitoreo de pH en espesadores durante la operación

- El pH puede tener un efecto significativo en el proceso de separación sólido-líquido en el procesamiento de minerales. El efecto del pH se debe a su impacto en la química superficial de las partículas y la interacción entre las fases sólida y líquida.
- El pH puede afectar tanto a la floculación de las partículas como a la estabilidad del flóculo. A un pH específico, las cargas superficiales de las partículas pueden cambiar, provocando que se atraigan o se repelan entre sí (ver potencial zeta).
- Es importante acondicionar el pH de la suspensión para garantizar la mejor eficiencia de separación sólido-líquido posible. El pH óptimo dependerá de una variedad de factores, incluido el tipo de mineral, los tipos de reactivos utilizados y las condiciones de procesamiento. Los ajustes de pH se pueden realizar agregando ácidos o bases a la suspensión o controlando el pH del agua utilizada en el proceso.

Supervisión del rendimiento de floculantes afectados por minerales

- Silicatos: minerales naturales que se pueden formar en los circuitos de procesamiento de minerales debido a la presencia de cuarzo u otros minerales de silicato. Pueden tener un impacto negativo en el rendimiento de los floculantes al adsorberse en las superficies de las partículas e interferir con el proceso de floculación.
- Minerales arcillosos: como la caolinita, la esmectita y la ilita, pueden causar problemas al aumentar la viscosidad de la pulpa, lo que genera dificultades en la sedimentación y el espesamiento.

- Carbonatos: como la calcita y la dolomita, también pueden afectar el rendimiento de los floculantes al adsorberse en las superficies de las partículas e interferir con el proceso de floculación.
- Sulfuros: como la pirita, pueden afectar negativamente el rendimiento de los floculantes al adsorberse en las superficies de las partículas y reducir la eficacia de los floculantes.
- Óxidos de hierro: como la hematita y la goethita, también pueden afectar el rendimiento de los floculantes al adsorberse en las superficies de las partículas e interferir con el proceso de floculación.

3.

Centrifugación

En operaciones de separación sólido-líquido en general, y en el proceso de desaguado en particular, cuando el tamaño de las partículas es demasiado pequeño (micras), se hace interesante aprovechar los altos ratios de sedimentación que se obtienen aplicando la acción de la fuerza centrífuga junto con la acción gravitatoria.

Por ello, se han desarrollado equipos centrífugos para poder realizar separaciones centrífugas. Las separaciones centrífugas han sido empleadas de una manera muy común en alguna etapa concreta dentro de los procesos de minerales. Aunque en este capítulo tratamos el desaguado mecánico también es adecuado presentar otras funciones que realizan las centrífugas describiéndolas brevemente:

Clarificación: La fase líquida será el producto que deberá estar libre de sólidos para su reutilización o descarga final. La concentración de sólidos dentro del fluido debe estar por debajo de unos límites previamente establecidos por regulaciones ambientales.

Clasificación: La fracción de sólidos más pequeños es el producto que interesa separar de las partículas más gruesas o viceversa.

Desarenado (en inglés, *degritting*): Eliminación de sobretamaños, tales como partículas de 25 µm, 45 µm, etc., y/o partículas extrañas de diferente densidad comparada con la densidad de las partículas que se encuentran en la corriente del proceso.

Desaguado (en inglés, *dewatering*): la humedad de la torta de filtración (en inglés, *cake*) necesita minimizarse para alcanzar los requerimientos de procesos posteriores (producto acabado, purificación, etc.).

Lavado (en inglés, *washing*): La torta de filtración debe lavarse con solventes adecuados o líquido (agua) de lavado para conseguir un producto limpio.

Desaguado seguido con formación de pulpa nuevamente (en inglés, *reslurrying*): Cuando las partículas de la pulpa son demasiado pequeñas (5-10 μm) y se quiere una torta de filtración lavada y limpia, primero se realiza un desaguado y posteriormente se forma de nuevo la pulpa, haciéndolo por etapas.

Actualmente y debido a los avances técnicos conseguidos con las centrífugas en los últimos años y al mejor conocimiento que se tiene del proceso de separación que ocurre dentro de los equipos, ha permitido el desarrollo de equipos que dan productos de elevada calidad, con altos rendimientos y bajos consumos de energía. Las centrífugas se emplean para desaguar materiales que varían desde 37,5 mm hasta cerca de 0 mm en tamaño.

Teoría

El comportamiento de sedimentación de una suspensión puede ser clasificado en cuatro categorías de acuerdo con la concentración de sólidos que hay en la suspensión y al grado de floculación que presentan las partículas. La siguiente Figura 42 muestra estas zonas que se basa en el diagrama de Fitch modificado. Para concentraciones diluidas y con un bajo grado de floculación, las partículas sedimentan de forma individual sin interaccionar con las otras partículas, siguiendo la ley de Stokes de sedimentación libre para una partícula esférica aislada dentro de un fluido.

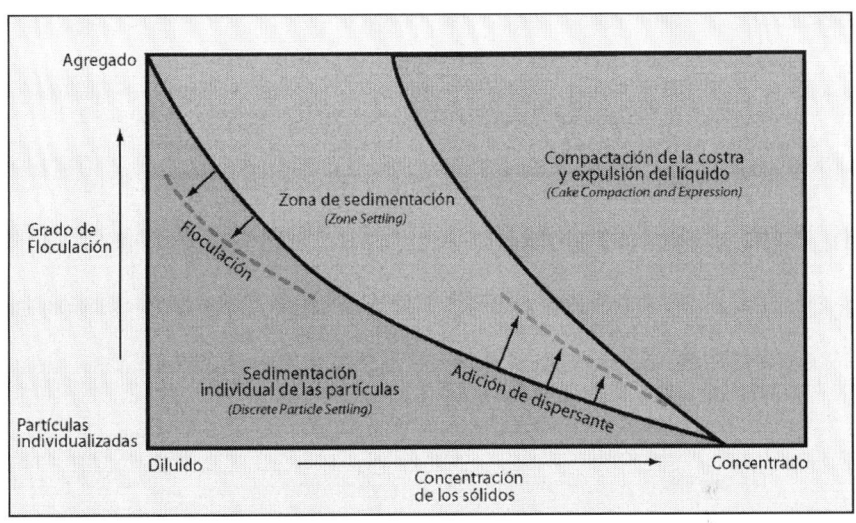

Figura 42. Diferentes zonas de sedimentación.

Cuando la concentración de sólidos aumenta, la velocidad de sedimentación se ve afectada por las partículas próximas, aunque no exista contacto entre ellas. La velocidad de sedimentación en este caso será menor, o incluso mayor que la velocidad obtenida con la ley de Stokes.

Existe una concentración de partículas dada en la que tienden a formar agregados, debido a la debilidad de la repulsión eléctrica. Estos agregados sedimentarán en forma de flóculos permitiendo sedimentar a las partículas grandes y pequeñas a la misma velocidad es la *zona de sedimentación*. Con la adición de coagulantes o floculantes se fomenta la formación de agregados o flóculos lo cual hace adelantar la zona de sedimentación (Figura 42), este efecto interesará en aplicaciones de clarificación. Por el contrario, con la adición de dispersantes se conseguirá que la *zona de sedimentación discreta* invada la *zona de compactación* donde predominan condiciones de sedimentación obstaculizada, este efecto interesará en aplicaciones de clasificación de partículas finas con alto valor.

Por último, cuando la concentración de partículas es elevada y el grado de floculación alto, se forma una torta de filtración densa que va a estar sometida a acciones de compresión debidas a su propia masa facilitando la liberación del líquido que se encuentre entre las partículas.

Según la ley de Stokes, la velocidad sedimentación de una partícula dentro de un fluido viscoso bajo una aceleración centrífuga, G, viene dada por la siguiente expresión:

$$v_t = \frac{\Delta\rho \times G \times d^2}{18 \times \mu} \times \lambda(\varphi)$$

(20)

donde:
* $\Delta\rho$, diferencia de densidad entre sólido y líquido (kg/m³).
* d, diámetro equivalente de la partícula (μm).
* φ, fracción de sólidos en volumen.
* $\lambda(\varphi)$, función de sedimentación obstaculizada.
* Para suspensiones diluidas donde se cumple que: $\varphi \ll 1$ (100 %), $\lambda(\varphi) = (1-2,5\times\varphi) = 1$, (Ecuación de Einstein).
* Para pulpas concentradas donde: $\varphi < 1$ (100%), $\lambda(\varphi) = (1- \varphi^{4,5})$, (Ecuación de Richardson y Zaki).
* μ, viscosidad del líquido (centipoises, cp).
* G, aceleración centrífuga (m/s²).

La aceleración centrífuga, G, expresada como el nº de veces que una centrífuga supera la aceleración gravitatoria (g), puede ser calculada a partir de la siguiente expresión:

$$G's = \frac{G}{g} = 5,59 \times 10^{-7} \times N^2 \times D$$

(21)

N, velocidad de rotación de la máquina, rpm; D, diámetro del tazón (bowl), mm.

Tipos de centrífugas

Hay dos grandes tipos de centrífugas: las centrífugas horizontales de tipo «tazón» (en inglés, *bowl type*) y las centrífugas horizontales y verticales tipo «canasta» (en inglés, *basket type*). Dentro de cada grupo existen diferentes diseños y variaciones, algunos de los cuales vamos a describir a continuación.

Centrífugas de tazón sólido o decantadoras
(en inglés, *solid bowl centrifuges* o *decanter*)

Son los equipos más versátiles de todas las centrífugas, consisten en dos elementos giratorios. El elemento giratorio externo es el tazón sólido con forma troncocónica alargada (Figura 43 y 44) y montado en su interior va el elemento giratorio interno consistente en un transportador de tornillo helicoidal cuya forma se ajusta a la geometría interna del tazón (Figura 43 y 45).

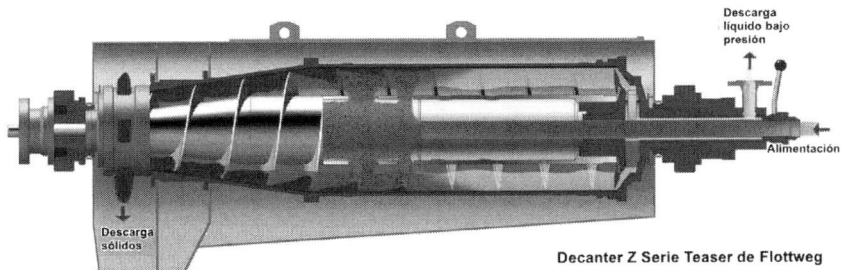

Figura 43. Vista interior de la giratoria tipo Decanter Z Serie Teaser de Flottweg con tazón sólido. Fuente: https://www.flottweg.com/es/la-gama-de-productos/centrifugas/

Figura 44. Vista exterior de la giratoria tipo Decanter Z Serie Teaser de Flottweg con tazón sólido. Fuente: https://www. flottweg.com/es/la-gama-de-productos/centrifugas/

El transportador girará a una velocidad ligeramente diferente a la del tazón gracias a sistemas de engranajes dentados y motores de frecuencia variable que permiten un control sobre la velocidad de giro de estos elementos (Figura 43). Una vez introducida la alimentación dentro del tazón, las partículas sólidas se sedimentarán en la pared interna del tazón por efecto de la fuerza centrífuga de donde serán transportadas hasta su descarga por medio del transportador giratorio helicoidal. Al mismo tiempo, por el extremo de mayor diámetro, irá descargándose el fluido clarificado a través de un vertedero anular ajustable. Algunos fabricantes y suministradores de este tipo de equipos son FLSmidth, Andritz, Baker Hughes (Bird Machine Co.), Flottweg, Elgin, etc. (Figura 45, 46, 47 y 48).

Este tipo de equipos se emplean en el desaguado de las partículas finas de carbón (< 0,6 mm), con recuperaciones de partículas por encima del 80 % y producciones desde 9 t/h a 27 t/h y con la posibilidad de añadir floculantes y obteniendo humedades de la torta de filtración por debajo del 30 % dependiendo de la cantidad de partículas inferiores a 45 μm en la alimentación. También se emplean en el desaguado de las colas de las sales potásicas, siendo la recuperación de las partículas sólidas del 85-90 %, con una humedad de la torta de filtración del 6-8 %. Otra aplicación de estos equipos es la recuperación de barita y eliminación de los sólidos indeseados (sílice, caliza, sólido ultrafinos, etc.) de los lodos procedentes de la perforación de sondeos. Además de estos ejemplos, existe una gran variedad de sustancias orgánicas e inorgánicas que son procesadas con este tipo de centrífugas, algunas de las cuales son: yesos, arcilla, carnalita, calcita, carbonato cálcico, concentrados de flotación, óxido de hierro, fosfatos, bauxita, bentonita, etc. Hay que destacar también el incremento importante del uso de estos equipos en la industria del reciclado de plásticos.

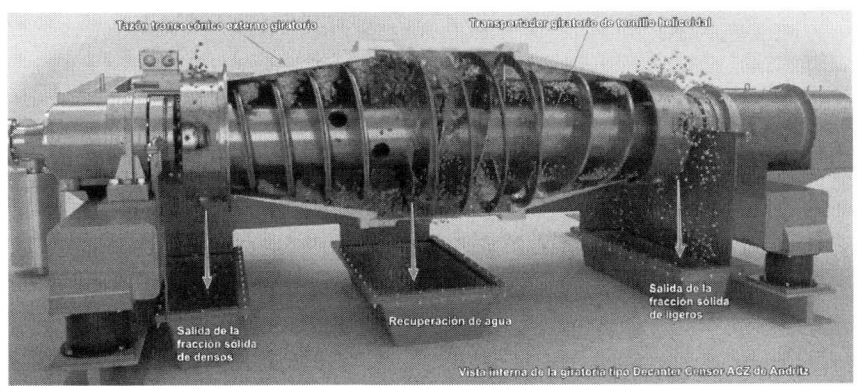

Figura 45. Vista interior de la giratoria tipo Decanter Censor ACZ de Andritz. Fuente: https://www.andritz.com/products-en/group/separation/decanter-centrifuges/decanter-centrifuges-acz

Figura 46. Vista exterior de la giratoria tipo Decanter Censor ACZ de Andritz. Fuente: https://www.andritz.com/products-en/group/separation/decanter-centrifuges/decanter-centrifuges-acz

Centrífugas de tazón-tamiz
(en inglés, *screen bowl centrifuges*)

Son similares en diseño y operación a las anteriores centrífugas (Figura 47), excepto que incorporan un tazón para tamizado consistente en una fina malla de acero inoxidable, carburo de tungsteno o cerámica con una abertura de 200-300 μm.

Figura 47. Vista exterior de la giratoria tipo *screen bowl decanter* AS de Andritz. Fuente: https://www.andritz. com/products-en/group/separation/decanter-centrifuges/ screen-bowl-decanter-centrifuges-as

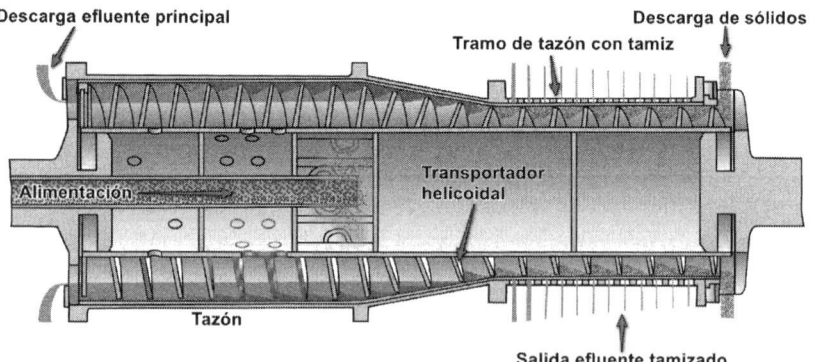

Figura 48. Vista interior de la centrífuga tipo *screen bowl decanter* AS de Andritz. Fuente: https://www.andritz. com/products-en/group/separation/decanter-centrifuges/ screen-bowl-decanter-centrifuges-as

Una vez que las partículas de mayor densidad sedimentan frente al tazón debido a la fuerza centrífuga separándolas del líquido, el transportador helicoidal que se mueve a una velocidad ligeramente menor que la velocidad del tazón, transporta los sólidos hacia la sección de tamizado donde los sólidos se les somete a una etapa de filtración centrífuga consiguiendo una torta de filtración completamente desaguada y con la posibilidad de recircular el efluente tamizado para recuperar posibles partículas de valor. También existe la posibilidad de incorporar chorros de agua de lavado al comienzo del tamizado. Las principales aplicaciones son el tratamiento de partículas finas de carbón, desaguado de concentrados de la flotación del carbón, carbonato potásico, carbonato sódico, sales de cloruro sódico, etc., pudiendo tratar pulpas relativamente diluidas sin necesidad de procesos previos de espesado.

Centrífugas tipo canasta perforada con transporte helicoidal (en inglés, *perforate-basket machines* o *screen-scroll centrifuge*)

También se las conoce como tamices rotativos. Este tipo de centrífugas tienen una canasta giratoria con forma troncocónica que realizará el filtrado de la pulpa pudiendo ir montada en posición horizontal (Figura 49, 50, 51 y 52) o en posición vertical (Figura 53, 54, 55 y 56); en el interior de esta canasta va alojado un cono sólido giratorio sobre el que va enrollado el transportador helicoidal (Figura 49 y 52).

Figura 49. Centrífuga de canasta horizontal o de tamiz rotativo de Andritz. Fuente: https://www.andritz.com/products-en/group/separation/filter-centrifuges/screen-scroll-centrifuge-hx

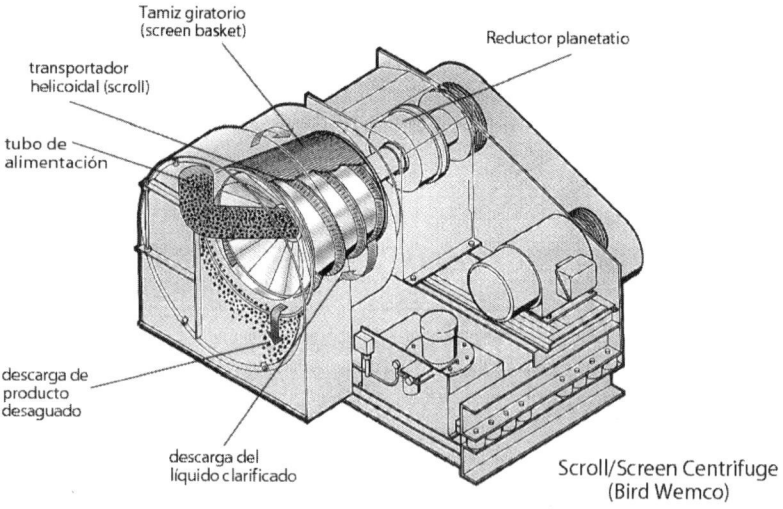

Tamiz giratorio
(screen basket)

transportador
helicoidal (scroll)

tubo de
alimentación

Reductor planetatio

descarga de
producto
desaguado

descarga del
líquido clarificado

Scroll/Screen Centrifuge
(Bird Wemco)

Figura 50. Centrífuga de canasta horizontal (cortesía de Bird Wemco).

Figura 51. Vista interior de la centrífuga de canasta horizontal
o de tamiz rotativo de Andritz. Fuente:https://www.andritz.com/
resource/blob/452524/deb8727bdce407a74b701b95a5ed4535/
hx-screen-scroll-centrifuge-hx-en-data.pdf

El transportador helicoidal girará a una velocidad superior a la velocidad de giro de la canasta perforada. La pulpa es introducida sobre
la canasta, donde comienza el proceso de filtrado bajo la acción centrífuga y la formación de la torta de filtración de partículas sólidas
que serán transportadas por el transportador hacia su descarga. El
fluido del filtrado se descarga por la salida de efluentes.

Figura 52. Centrífuga de canasta horizontal o de tamiz rotativo de TEFSA. Fuente:
https://gruptefsa.com/tamiz_rotativo/

Figura 53. Centrífuga de canasta vertical CMI (cortesía de Elgin).

Figura 54. Centrífuga de canasta *Vertical Cuttings Dryer* CSI-E4 de Elgin para separación líquido-sólidos de los lodos de perforación. Fuente: https://elginseparationsolutions.com/csi-e4-vertical-cuttings-dryer/

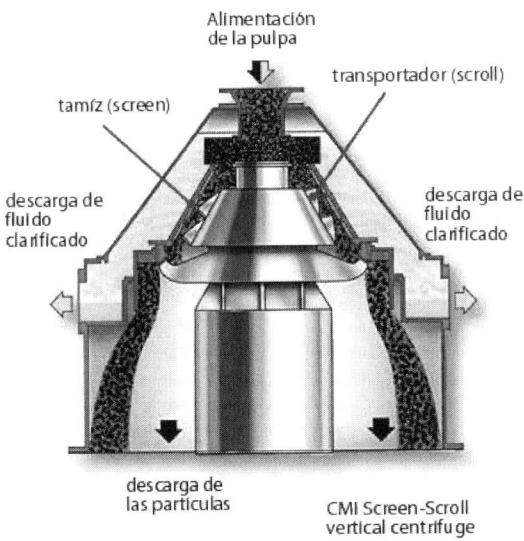

Figura 55. Centrífuga de canasta vertical CMI (cortesía de Elgin Separation Solutions).

Figura 56. Vista interior de la centrífuga de canasta vertical CSI-E4 de Elgin para separación agua-sólidos de los fluidos de perforación. Fuente: https://elginseparationsolutions.com/vertical-cuttings-dryer/

Las centrífugas de canasta horizontales operan a aceleraciones comprendidas entre 300-800 g mientras que las centrífugas de canasta vertical trabajan con aceleraciones por debajo de 230 g. Existe la posibilidad de incorporar inyecciones de agua de lavado situados al comienzo de la zona de menor diámetro de la canasta. Aplicaciones típicas de estos equipos son el desaguado de carbones, tratamiento de sales (cloruro potásico, cloruro sódico), etc. Donde con humedades en la alimentación superiores al 40 % se obtienen productos desaguados con humedades inferiores al 10 %, dependiendo de la granulometría de las partículas, así como recuperaciones de los sólidos del 93 %. El tamaño de partícula que manejan puede llegar a las 100 micras, con capacidades de hasta 60 t/h, una concentración de sólidos en peso en la alimentación de hasta el 10 % y una recuperación de sólidos con una concentración de sólidos en peso de hasta el 98 %.

Centrífugas vibrantes tipo canasta perforada sin transporte helicoidal (en inglés, *vibrating screen centrifuge*)

Este tipo de centrífugas tipo canasta no disponen de elementos transportadores tipo hélice helicoidal, sino que están dotadas de un movimiento vibratorio generado por masas excéntricas que son movidas por un motor.

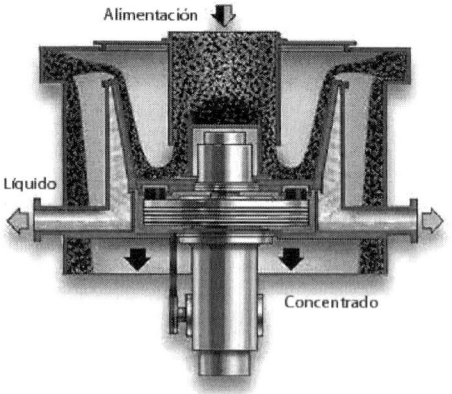

Figura 57. Centrífuga vibrante vertical CMI (cortesía de Elgin Separation Solutions).

Esta vibración proporciona el movimiento de las partículas sobre la canasta perforada hasta su descarga al mismo tiempo que permite la expansión de las partículas ayudando a la liberación del fluido existente entre ellas, con lo que mejora el proceso de desaguado (humedad inferior al 8 % en la descarga de sólidos).

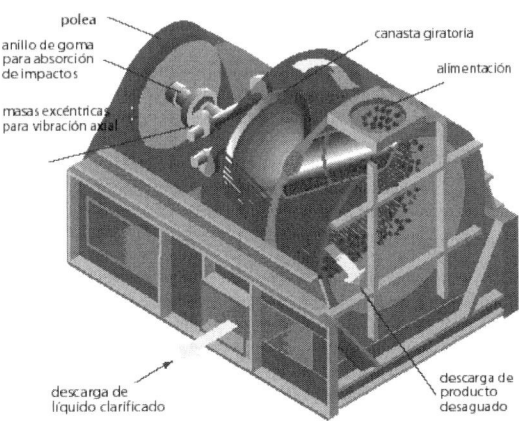

Figura 58. Centrífuga vibrante horizontal (cortesía de Bird Wemco).

Estos equipos suelen trabajar a 100 g. También se emplean en la industria de procesado de carbón, arenas, sales, fosfatos, etc.

Centrífugas horizontales con empuje
hidráulico (en inglés, *pusher centrifuge*)

Fabricantes como Baker Hughes (anterior Bird Machine Co.), Krauss-Maffei (Andritz), etc. fabrican este tipo de equipos (Figura 59) donde se obtiene un producto sólido con una baja humedad. Estos equipos constan de un sistema hidráulico que, a través de acciones de avance y retroceso sobre la placa móvil, generan que el material vaya avanzando sobre sucesivos tamices con forma cónica o cilíndrica que aumentan en diámetro según se alejan de la placa móvil. Este equipo es idóneo para tratar materiales en los que se debe minimizar al máximo su degradación con el empleo de acciones centrífugas, pudiendo manejar materiales viscosos con producciones de hasta 150 t/h y humedades de la torta de filtración inferiores al 5 % y manejo de tamaños de partícula entre 100 micras y 10 mm. Se aplica en el procesado de carbonato sódico, cloruro potásico, cloruro sódico, plásticos, fibras y aplicaciones de procesado mineral, etc.

Figura 59. Vista exterior de una centrífuga tipo pusher Krauss-Maffei de Andritz. Fuente: https://www.andritz. com/products-en/group/separation/filter-centrifuges/ krauss-maffei-sz-pusher-centrifuge

Figura 60. Vista interior de una centrífuga tipo pusher Krauss-Maffei de Andritz. Fuente: https://www.andritz.

com/products-en/group/separation/filter-centrifuges/
krauss-maffei-sz-pusher-centrifuge

Figura 61. Vista interior de una centrífuga tipo pusher Krauss-Maffei de Andritz en operación. Fuente: https://www.andritz.com/products-en/group/separation/filter-centrifuges/krauss-maffei-sz-pusher-centrifuge

Figura 62. Vista interior de una centrífuga tipo pusher Krauss-Maffei de Andritz en operación. Fuente: https://www.andritz.com/products-en/group/separation/filter-centrifuges/krauss-maffei-sz-pusher-centrifuge

4.

Filtración

La separación mecánica de los sólidos a partir de los líquidos es a menudo la principal etapa final dentro de la industria de procesamiento de minerales. Normalmente casi todos los productos de una planta de procesamiento pasan por la etapa de filtración, de ahí la importancia de la selección adecuada de los equipos de filtrado.

La filtración es el proceso por el cual un sólido se separa de un fluido haciendo pasar la suspensión a través de un lecho poroso, conocido como medio filtrante. El lecho retiene las partículas mientras el fluido pasa a través del medio filtrante y se convierte en un filtrado. Para establecer un flujo de filtrado, es necesario aplicar una diferencia de presión, llamada caída de presión, a través del medio filtrante. Hay varias formas de hacer esto según la fuerza impulsora, por ejemplo: (1) gravedad, (2) vacío, (3) presión aplicada, (4) combinación de vacío y presión, (5) fuerza centrífuga y (6) un gradiente de saturación (Concha, 2014).

Los componentes del proceso de filtración se muestran en la Figura 63:

a.   **b.**

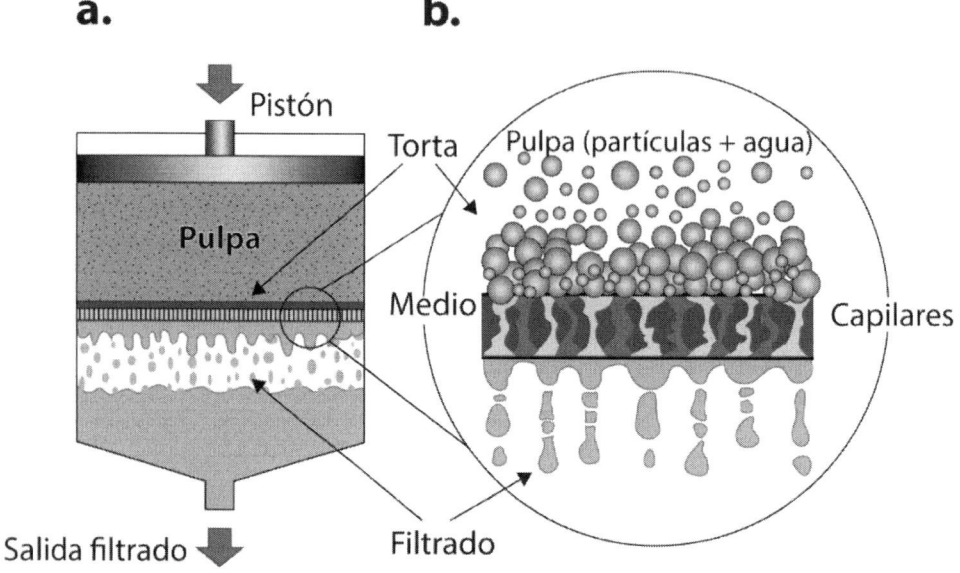

Pulpa = suspesión a filtrar
Medio de filtrado = medio poroso para retener el sólido
Torta de filtrado = sólido acumulado en el filtro
Filtrado = líquido claro que pasa por el medio poroso

Figura 63. Principales componentes del proceso de filtración.

Las principales consideraciones en la selección de estos equipos serán las características de la alimentación y el objetivo final de los productos del proceso (Tabla 2):

Características de la alimentación:
Pulpa:
Porcentaje de sólidos en peso.
Proceso continuo o discontinuo.
Líquido:
pH.
Composición química.

Peso específico.

Viscosidad.

Temperatura y volatilidad.

Sólidos:

Composición química.

Peso específico en húmedo.

Distribución granulométrica.

Propiedades (abrasividad, fragilidad, etc.).

Objetivo final de los productos:

Uso final de la torta de filtración (cake) y del líquido filtrado.

Porcentaje de humedad residual de la torta de filtración.

Condiciones de lavado de la torta de filtración.

Condiciones de operación (toxicidad, olores, etc.).

Propiedades del sólido	Propiedades del líquido
• Forma de la partícula • Tamaño de partícula • Carga de las partículas • Densidad relativa • Distribución de tamaños de las partículas • Rigidez o compresibilidad del sólido bajo presión-torta • Tendencia de las partículas a flocular o adherirse	• Densidad • Viscosidad • Corrosividad • Temperatura de suspensión
	Propiedades del sólido en el lodo
	• pH • Concentración del sólido • Porcentaje del sólido en suspensión • Tasa de formación de revoque, especialmente en las primeras etapas de filtración
Objetivos	**Filtro**
• Si el objetivo es recolectar • el sólido o el líquido o ambos • Porcentaje de humedad residual de la torta • Condiciones de lavado de la torta • Condiciones de operación (toxicidad, olores, etc.)	• Área de la superficie del filtro • Tamaño de poro de los medios filtrantes • La resistencia de la torta de filtración • La resistencia del medio filtrante • Diferencia de presión a través del filtro • Filtro de medios

Tabla 2: Factores a tener en consideración en la operación de filtrado.

La separación sólido-líquido por filtración requiere una presión diferencial, Δp, perpendicularmente a la torta de filtración de sólidos (en inglés, *cake*). La diferencia de presión, Δp, requerida para eliminar el fluido de la torta de filtración puede ser determinada a través de la ley de Darcy, que describe el flujo de un fluido a través de un medio poroso, y la ley de Kelvin que cuantifica las fuerzas de capilaridad o diferencia de presión necesaria dentro de los poros intersticiales de una torta de filtración. Para la ley de Kelvin, su expresión viene dada por:

$$\Delta p = \frac{4 \times T \times \cos\theta}{D} \quad (23)$$

donde:

T, tensión superficial.
θ, ángulo de contacto.
D, diámetro de poro.

La expresión anterior refleja que, cuanto más pequeñas son las partículas, mayores son las diferencias de presión que se deben aplicar para vencer las fuerzas de capilaridad y poder obtener una humedad final deseada de la torta de filtración. El tamaño de poro tiene una relación directa con la distribución granulométrica (D_{80} y D_{10}) del material que va a ser desaguado.

Además de la expresión anterior, en el proceso de filtración interesa saber la cantidad de torta que se forma sobre una superficie unitaria del filtro en la unidad de tiempo, W/θ_f, para seleccionar y dimensionar la unidad de filtración adecuada, la mencionada expresión se obtiene como resultado de la derivación de la ecuación de Poiseuille, ambas ecuaciones se presentan a continuación en su forma definitiva:

$$\frac{dV}{A \times d\theta_f} = \frac{\Delta p}{\mu \times \left[\dfrac{\alpha \times c \times V}{A} \right]} \quad (24)$$

y a partir de la ecuación de Poiseuille se obtendría:

$$\frac{W}{\theta_f} = \sqrt{\frac{2 \times \Delta p \times \rho}{\mu \times \alpha \times \theta_f} \times \frac{S}{1 - \dfrac{S}{S_c}}} \quad (25)$$

Con la siguiente notación:

θ_f = tiempo de formación de la torta.

V = volumen del filtrado.

μ = viscosidad del fluido.

A = área de filtración.

Δp = diferencia de presión transversalmente a la torta.

α = resistencia media específica a la filtración.

c = concentración de sólidos en la pulpa.

W = peso de sólido seco en la torta por unidad de área.

ρ = densidad del fluido.

S = fracción en peso de sólidos en la pulpa.

S_c = fracción en peso de sólidos en la torta.

Siendo la fracción en peso de los sólidos en la pulpa de alimentación al filtro, S:

$$S = \frac{Peso\ de\ los\ sólidos}{Peso\ de\ los\ sólidos + Peso\ del\ líquido} \tag{26}$$

y la fracción en peso de los sólidos en la torta formada, pero sin desaguar, S_c:

$$S_c = \frac{Peso\ de\ los\ sólidos}{Peso\ de\ la\ pulpa - Peso\ del\ filtrado} \tag{27}$$

Por otro lado, la concentración de sólidos en la pulpa de alimentación al filtro, c, viene dada por:

$$c = \frac{Peso\ de\ los\ sólidos}{Volumen\ del\ filtrado} \tag{28}$$

En relación con la ley de Darcy, esta ley ofrece una relación proporcional simple entre la tasa de descarga instantánea a través de un medio poroso, la viscosidad del fluido y la caída de presión en una distancia dada, siendo su expresión la siguiente:

$$Q = \frac{-k \times A \times \left(P_b - P_a \right)}{\mu \times L}$$

(29)

Siendo, la descarga total, Q (unidades de volumen por tiempo, por ejemplo, m³/s) es igual al producto de la permeabilidad intrínseca del medio, k (m²), el área de la sección transversal del flujo, A (unidades de área, por ejemplo, m²), y la caída de presión (P_b-P_a), (Pascales), y todo dividido por la viscosidad, μ (Pa·s) y la longitud en la que se produce la caída de presión, L, (m).

Para aplicaciones de desaguado de minerales que solo requieran diferencias de presión menores de 1 bar, se emplearán los métodos de filtración por vacío, mientras que en aplicaciones donde los requerimientos superen 1 bar de presión diferencial, los métodos de filtración por presión en cualquiera de sus variantes serán los que se seleccionarán. En la actualidad, los productos del concentrado de minerales y de colas generalmente tienen un D_{80} de 40 µm o menor por lo que los filtros de presión cada día juegan un papel más importante en el procesamiento de minerales.

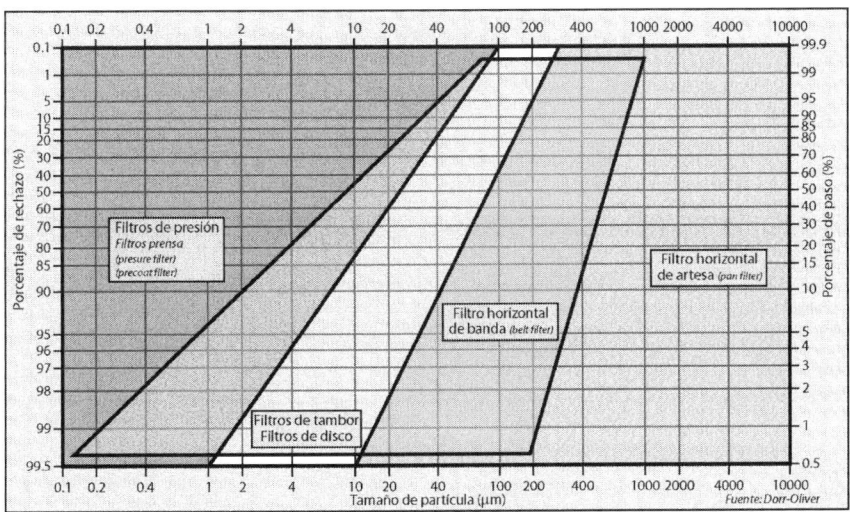

Figura 64. Gráfica para la selección de filtros en función de la granulometría.

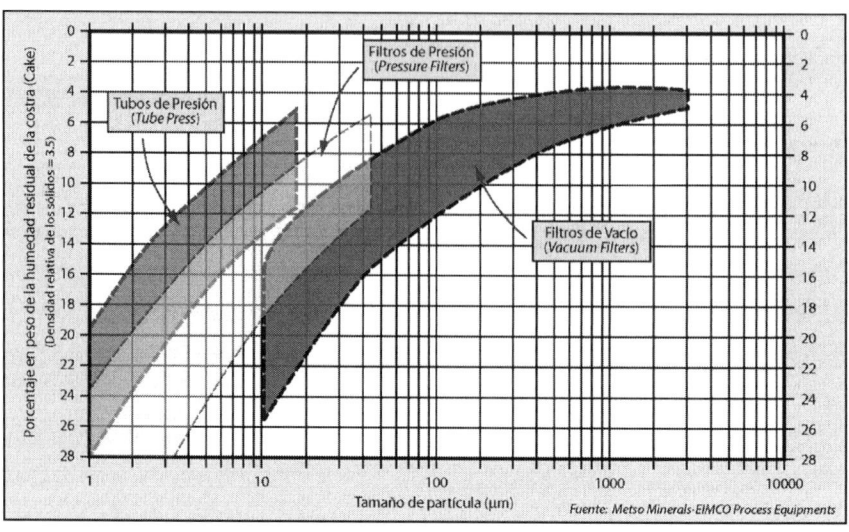

Figura 65. Selección de filtros en función de la humedad residual.

En las figuras anteriores se muestran unas gráficas que presentan las regiones donde los diferentes equipos de filtrado trabajan en función del tamaño de partícula, la distribución granulométrica de los sólidos y la humedad residual de la torta de filtración (Figura 64 y 65).

Existe tres clases de filtración: (a) filtración con formación de torta, (b) filtración sin formación de torta y (c) filtración profunda. Los filtros de torta se utilizan en la clarificación de líquidos, recuperación de sólidos, deshidratación de sólidos, espesamiento de lodos y lavado de sólidos. La filtración sin formación de torta es cuando el flujo de la suspensión es paralelo a la superficie del medio filtrante, el medio retiene las partículas y permite el paso del fluido. Sin embargo, el flujo produce un alto cizallamiento en las superficies sólidas que impide la formación de una capa sólida sobre el medio filtrante, devolviendo las partículas a la suspensión. La filtración de lecho profundo consiste en filtrar partículas finas en suspensiones diluidas, se utilizan medios filtrantes. Los filtros tienen poros que son más grandes que las partículas que retienen. Al tener mayor profundidad, las partículas penetran en el interior del medio filtrante y son capturadas por las fibras o partículas que forman el medio.

Equipos de Filtración

Filtración por vacío

La filtración por vacío es una técnica perfectamente establecida en el desaguado industrial. Todos los filtros de vacío trabajan de forma muy similar. Dentro de un tanque de pulpa, se aplica una presión diferencial a través del vacío entre la superficie filtrante y la cara interna del tambor, disco o banda. Esta diferencia de presión provocará que el fluido sea transportado a través del medio filtrante al mismo tiempo que las partículas sólidas son retenidas por la superficie filtrante formando la torta de filtración (en inglés, *cake*). En aquellas unidades giratorias, la torta de filtración será elevada por encima del nivel de la pulpa permitiendo que el aire entre a través de la torta de filtración forzando de esta manera a salir al líquido remanente a través de redes de tuberías internas hasta los depósitos de fluido de filtrado.

Filtros de tambor (en inglés, *drum filters*)

Estas unidades tienen un amplio rango de aplicaciones y son seleccionadas allí donde se requiere en la torta de filtración una mínima humedad residual o bien se necesita un lavado efectivo de la torta de filtración.

El tambor es giratorio dentro de un tanque de pulpa que está en continua agitación. Sobre la superficie del tambor se montan rejillas de drenaje fabricadas en secciones y en cada una de las mismas se montan tuberías que aplican el vacío a cada sección (Figura 66). Disponiendo de la válvula de distribución se permitirá cambiar la proporción de las regiones de formación de la torta de filtración, lavado, secado y descarga de la misma.

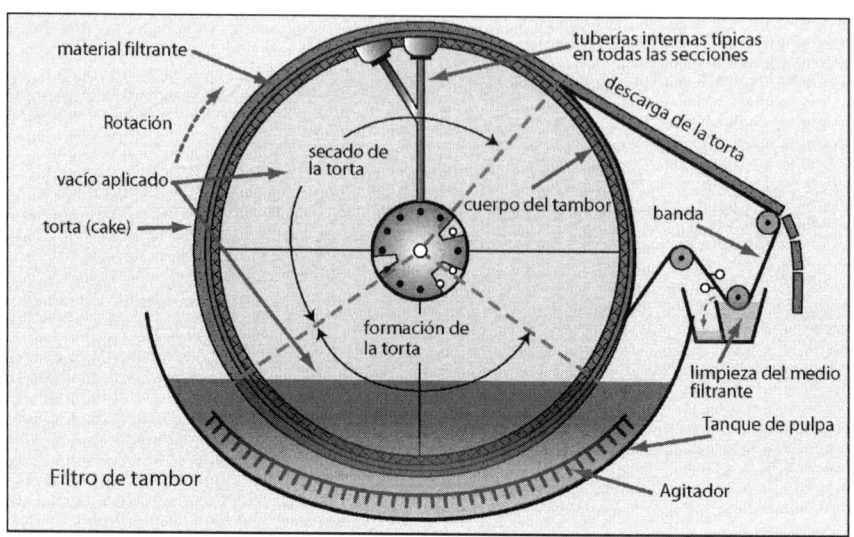

Figura 66. Representación esquemática mostrando los principales elementos de un filtro de tambor.

Los filtros de tambor ofrecen una gran flexibilidad en el manejo de una ancha variedad de sustancias y de tamaños de partícula (D_{80}) a través de la modificación de los puntos de alimentación y del sistema de descarga de la torta.

En operaciones con pulpas de partículas gruesas debería considerarse la alimentación de la pulpa por la parte superior para provocar la segregación de las partículas gruesas que serían las que primero formarían la torta sobre la tela filtrante con una elevada permeabilidad (Figura 67).

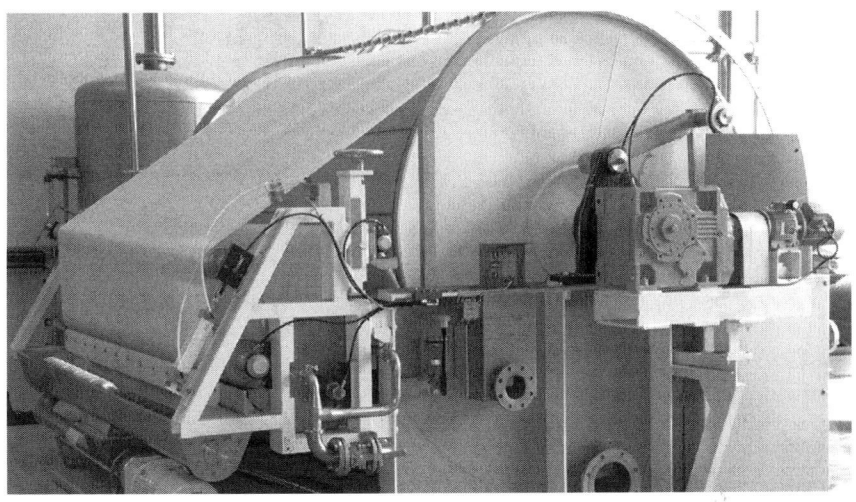

Figura 67. Filtro de tambor por vacío del grupo TEFSA. Fuente:
https://gruptefsa.com/filtros_de_vacio/

El tipo de descarga seleccionado para el filtro de tambor va a depender de las características del material que se va a manejar (tendencia a cegar la tela filtrante, contenido de partículas fibrosas, etc.) y de los requerimientos de clarificación del filtrado. Los tipos de descarga más comunes son:

Descarga por rascador (en inglés, *scrapper discharge*): Este tipo de descarga consiste en una cuchilla de rascado situada sobre la superficie del tambor (Figura 68). Durante el ciclo de descarga se emplean un soplado a baja presión de aire para soltar la torta de la tela filtrante y así ser fácilmente descargada por el rascador. Este tipo de descarga no debe emplearse en materiales con tendencia a cegar e incrustarse sobre la tela filtrante.

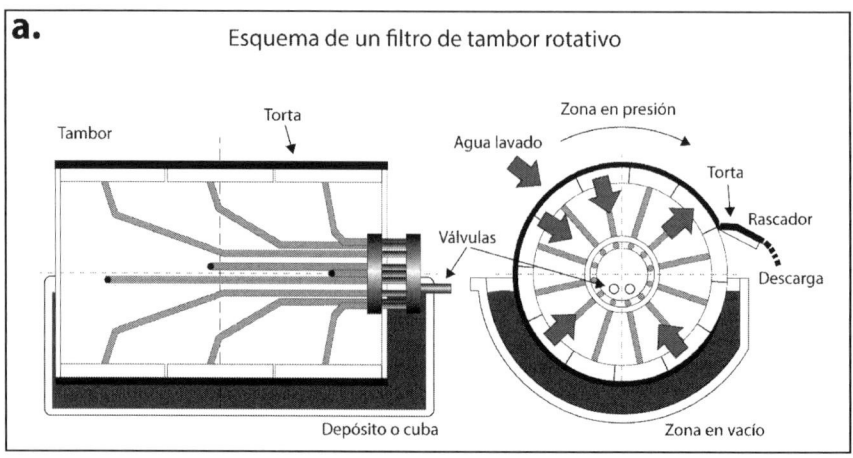

Figura 68. Filtro de tambor dotado de un rascador (modificado a partir de Gupta and Yan, 2016).

Descarga con el empleo de cables (en inglés, *string discharge*): Se emplean cables o cadenas paralelas y separadas unos 10 mm entre sí y que envuelven al tambor y ayudarán a separar a la torta del tambor para posteriormente ser descargada a través de un juego de rodillos, evitando la separación de la tela del tambor. Se emplea en pulpas de materiales muy fibrosos (Figura 69).

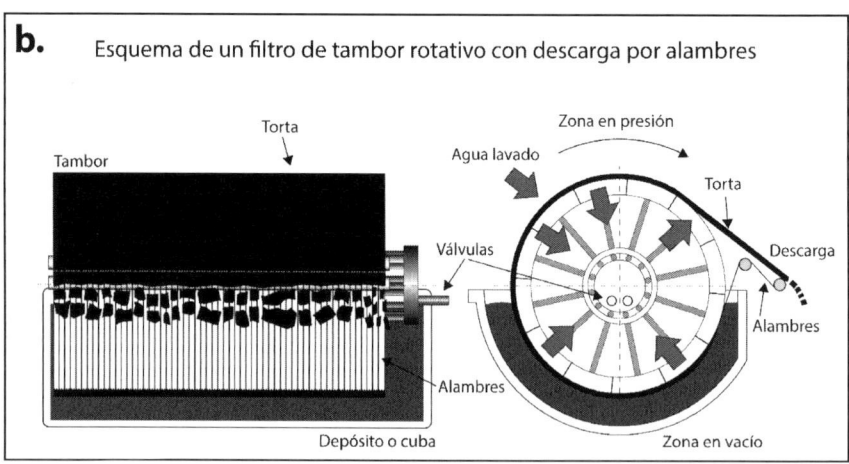

Figura 69. Filtro de tambor dotado de cables o alambres y rodillos (modificado a partir de Gupta and Yan, 2016).

Descarga por rodillo (en inglés, *roll discharge*): Este tipo de descarga se emplea en la industria de las arcillas donde el material tiene tendencia a incrustarse en la tela y hay dificultad para separarlo. En este caso, se emplea un rodillo flotante que gira a una velocidad mayor que el tambor y sobre el cual se adherirá la torta que será descargada gracias al empleo de rascadores (Figura 70).

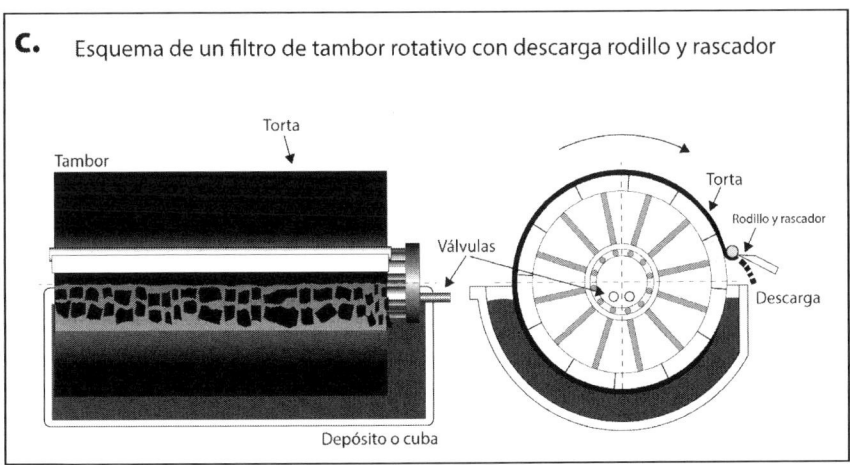

Figura 70. Filtro de tambor con descarga asistida por rodillo y rascador (modificado a partir de Gupta and Yan, 2016).

Descarga por banda saliente (en inglés, *belt discharge*): En aplicaciones donde el cegamiento de la tela va a ser un problema este método de descarga puede ser una solución. En este sistema la tela filtrante se separa del tambor a partir de la zona de desaguado. La torta es descargada gracias a rodillos de pequeño diámetro que rompen la torta y la tela filtrante es lavada completamente a través de chorros de alta presión, tanto en su cara superior como en su cara inferior.

Con precapa (en inglés, *precoat*): Este tipo de filtros se emplea en el filtrado de sólidos que se encuentra en la pulpa en muy poca cantidad y no son capaces de producir una torta de espesor suficiente para ser descargada a través de los otros mecanismos. El filtro es cubierto por una precapa basada en tierras de diatomeas, perlita o celulosa, manteniendo el tambor en vacío en su ciclo completo. Una cuchilla cortará la superficie de la precapa descargando las partículas que se han adherido a la misma. La precapa actúa como filtro y da lugar a filtrados con contenidos muy bajos de sólidos.

Filtros de disco (en inglés, *disc filters*)

Su principio de funcionamiento es similar al del filtro de tambor; su diferencia radica en que su diseño de discos (Figura 71 y 72) permite una mayor área de filtrado efectivo, por área ocupada de suelo de planta, frente a los filtros de tambor. Los discos también están formados por sectores individuales a los que se les aplica el vacío en ambas caras del disco a través de las cuales se recoge el filtrado por medio de tuberías internas.

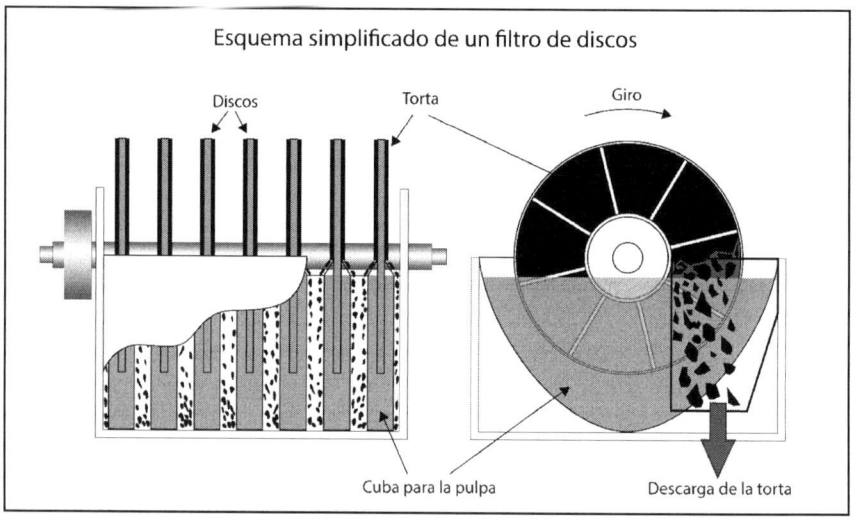

Figura 71. Diagrama esquemático de un filtro de discos (modificado a partir de Gupta and Yan, 2016).

La torta es descargada gracias al empleo de rascadores y el empleo de soplado de aire. La desventaja de estos equipos es el no poder llevar a cabo un lavado eficiente de la torta en discos que emplean tela filtrante convencional.

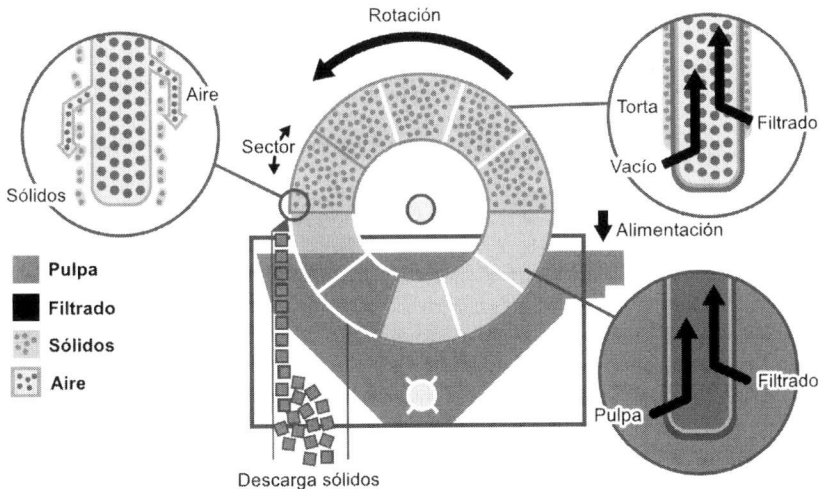

Figura 72. Fases de filtrado de un filtro de discos (cortesía de Metso-Outotec).

Existe una variante de estos equipos fabricada por Outokumpu (ahora Metso-Outotec), donde los sectores del disco son cerámicos construidos de una sola pieza y pueden ser mantenidos limpios a través del empleo de ultrasonidos y por medio del lavado interno de ácidos. Con estos equipos se consiguen humedades de la torta muy bajas, cercanas a las obtenidas con filtros de presión. El diseño de los sectores dirige el fluido a través de acciones de capilaridad disminuyendo los requerimientos de potencia exigidos en las bombas en comparación a los filtros de disco convencionales (Figura 72). Se aplica fundamentalmente en el filtrado de concentrados minerales.

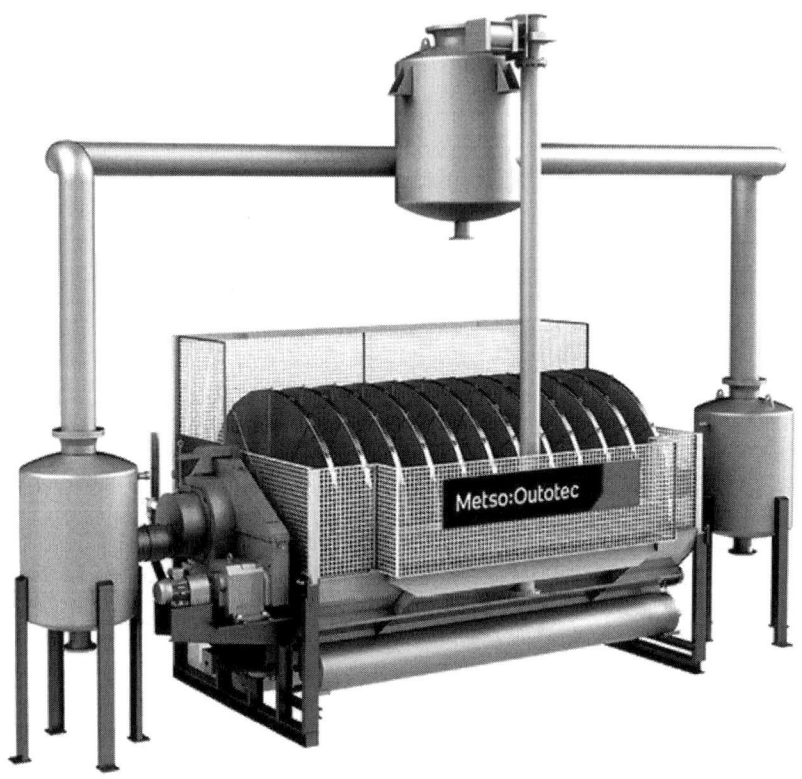

Figura 73. Filtro de discos SC de Metso-Outotec (cortesía de Metso-Outotec).

Filtros horizontales de banda (en inglés, *horizontal belt filters*)

Estos filtros se emplean cuando se requiere lavados de la torta con altas eficiencias y/o se manejan pulpas de partículas gruesas. Con ellos se alcanzan humedades residuales de la torta de filtración tan bajas como las alcanzadas en los filtros anteriores. Se puede disponer de equipos de 4 m de ancho de banda y de 120 m^2. Estas unidades consisten básicamente en una banda de goma drenante soportada por rodillos y poleas que se desplaza sobre unas bandejas fijas en las que se ha creado el vacío para producir la presión diferencial (Figura 74 y 75). las bandejas estacionarias están unidas a la banda drenante por medio de una serie de bandas o tiras lubricadas de desgaste. El filtrado atravesará los agujeros de la banda, situados en su centro, la cual está ranurada para permitir el flujo del líquido a la parte central de la misma. La velocidad de la banda puede ser de 50 m/min.

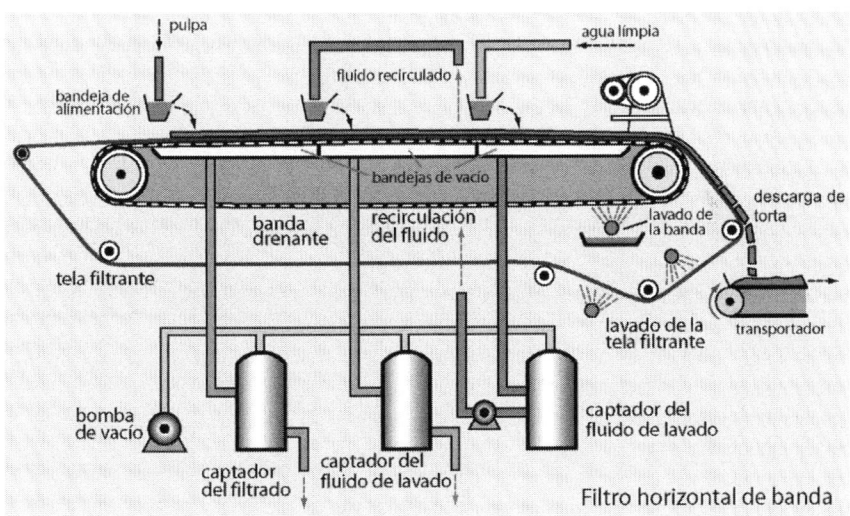

Figura 74. Representación esquemática de un filtro horizontal de banda.

Disponen de una tela filtrante que se traslada de forma independiente sobre la banda de goma, separándose de ella en la descarga de la torta y siendo lavada antes de volver al filtro de vacío. La artesa de vacío puede ser dividida en múltiples secciones cada una de las cuales con su propio captador de fluido de filtrado. Cuando se quiere disminuir la humedad residual de la torta de filtración pueden instalarse sobre el filtro campanas de vapor.

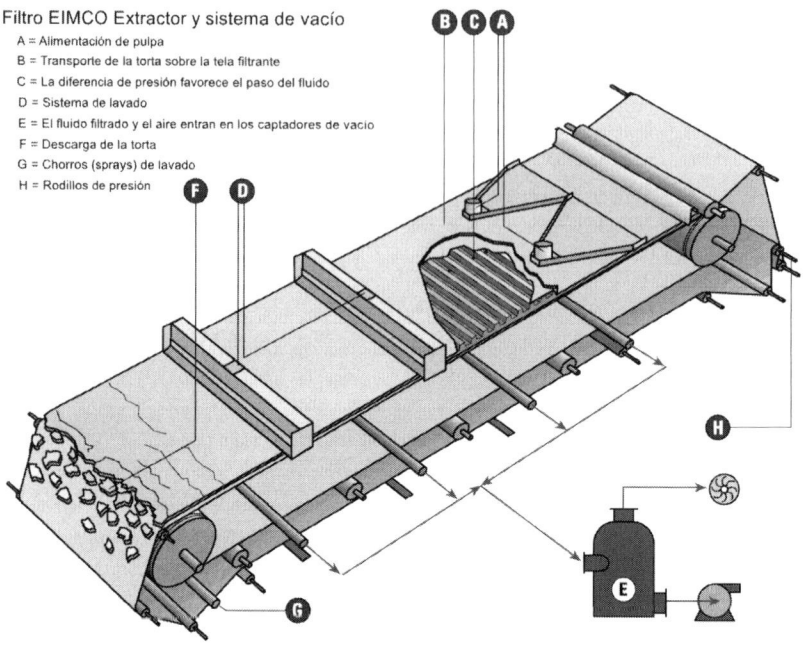

Filtro EIMCO Extractor y sistema de vacío

A = Alimentación de pulpa
B = Transporte de la torta sobre la tela filtrante
C = La diferencia de presión favorece el paso del fluido
D = Sistema de lavado
E = El fluido filtrado y el aire entran en los captadores de vacio
F = Descarga de la torta
G = Chorros (sprays) de lavado
H = Rodillos de presión

Figura 75. Filtro horizontal de banda EIMCO Extractor de FLSmidth. Fuente: https://www.flsmidth.com/-/media/brochures/brochures-products/filtration/flsmidth-hbf-brochure.pdf

Su aplicación es amplia en un extenso abanico de sustancias minerales incluyendo concentrados, carbón, minerales industriales, colas y aplicaciones de lavado.

Filtros horizontales de bandeja móvil (en inglés, *tray filters*)

Este equipo es un desarrollo relativamente nuevo en la industria del procesamiento de minerales y se diferencia del anterior en que prescinde de la banda de goma drenante y presenta una serie de bandejas móviles con movimiento de avance-retorno (Figura 76). Cuando está actuando la acción del vacío, la tela filtrante y las bandejas móviles se mueven a la misma velocidad. Al llegar, las bandejas móviles, al final de su carrera; estas retornan rápidamente a su posición de inicio, mientras en este tiempo el vacío es desalojado y permitido airear las bandejas. A continuación, se crea de nuevo el vacío en las bandejas y se comienza el ciclo.

Se encuentran en anchos de banda de hasta 3 m y longitudes de 25 m con superficies efectivas de filtrado de hasta 75 m².

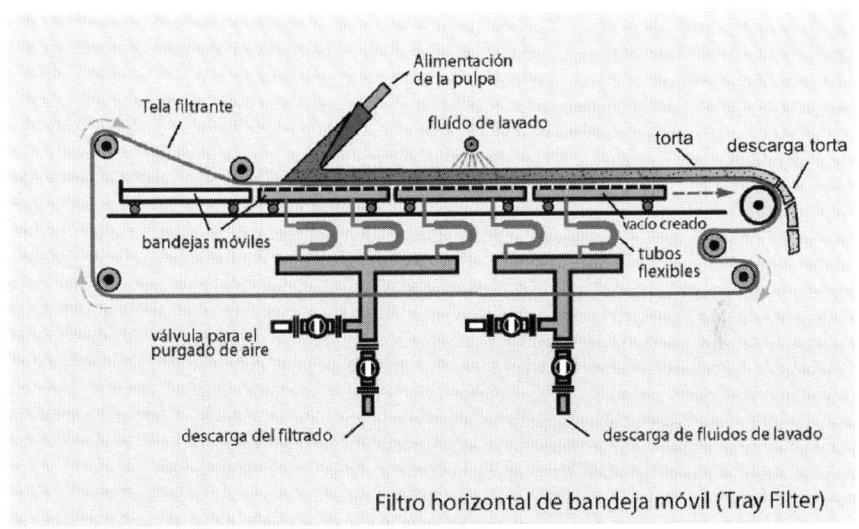

Figura 76. Filtro horizontal de bandeja móvil.

Sus aplicaciones iniciales fueron el filtrado de compuestos químicos con tamaños muy pequeños de partícula y manejando tortas muy delgadas, pero en recientes años se presenta adecuado para el manejo de tortas de mayor espesor, incorporándose al procesamiento de minerales como yeso (sulfato cálcico hidratado), silicatos, sales de magnesio, sales y óxidos de metales, etc.

Filtro horizontal de tablero o artesa circular (en inglés, *pan filters*)

Esta unidad de filtrado es idónea para tratar pulpas de partículas relativamente gruesas (Figura 77) donde los sólidos sedimentan tan rápidamente que no puede mantenerse una pulpa homogénea, como es el caso de las pulpas que alimentan a filtros de disco o de tambor. También habrá que contar con este filtro para situaciones donde los procesos siguientes al de filtrado exijan una torta sin grumos, pues la descarga por tornillo hará que estos se disgreguen.

Este equipo consta de un tablero circular giratorio dividido en sectores fabricados con rejilla de polipropileno a través de la cual pasará el filtrado gracias a la presión diferencial establecida por bombas de vacío o por soplantes, mientras que los sólidos gruesos quedarán retenidos sobre su superficie formando la torta que será retirada por medio de un tornillo helicoidal. En cada ciclo de filtrado la pulpa es sometida a varias etapas de lavado y secado, este ciclo puede durar 1½ minuto.

Pan Filter Dorr-Oliver

Figura 77. Filtro horizontal de tablero circular (cortesía de Dorr-Oliver).

La limpieza del filtro se realiza por inyecciones ascendentes de aire sobre el sector del filtro inmediatamente antes de llegar a la zona de alimentación.

El fabricante Dorr-Oliver/GLV, suministra equipos desde 2 m^2 de superficie filtrante efectiva hasta equipos de 63 m^2 de superficie filtrante efectiva de 9 m de diámetro, pudiendo filtrar cantidades de pulpa comprendidas entre 1-6 t/h por m^2 con humedades residuales de la torta entre 4-6 %.

Figura 78. Filtro de 6 m^2 en el tratamiento de arenas para vidrio (cortesía de Dorr-Oliver).

Figura 79. Descarga de las partículas retenidas por el filtro (cortesía de Dorr-Oliver).

Existe una amplia variedad de sustancias minerales que pueden ser desaguadas con estas unidades como son: carbón, arenas silíceas, sales, concentrados de zinc, fosfato, feldespato, concentrados de hierro, etc.

Filtración por presión

Actualmente, la liberación económica de las partículas minerales exige tamaños cada vez más pequeños para los concentrados minerales, siendo el D_{80} del producto final de los concentrados de Cu, Pb y Zn de 30 μm o incluso menor. Por otro lado, el transporte marítimo de estas y otras sustancias, así como las fundiciones, exigen contenidos de humedad que se muevan entre 8 y 10 % en peso, por todo ello se están exigiendo mayores presiones diferenciales de filtración que desaconsejan el empleo de unidades por vacío y hacen de la tecnología por presión la más idónea para trabajar bajo estas condiciones.

A continuación, se describen las principales unidades de filtración por presión, debido a su extensa implantación en la industria, como son el filtro prensa y el filtro de banda a presión. Para filtraciones especiales donde las partículas son ultrafinas (< 10 μm) es necesario aplicar presiones diferenciales que llegan hasta los 100 bares, esta exigencia ha dado lugar a la aparición de equipos como el tubo de filtración por presión (en inglés, *tube press*) de Metso Minerals que también describiremos por su amplia variedad de aplicaciones en la filtración de minerales, efluentes, etc.

Filtro prensa (en inglés, *vertical plate pressure filters*)

Los filtros prensa son unidades formadas por placas verticales de polipropileno que son montadas sobre un bastidor de acero y movidas por cilindros hidráulicos. Los primeros equipos estaban compuestos por placas y marcos (en inglés, *plates and frames filters*) (Figura 80), estos últimos conseguían la creación del espacio donde la torta se formaba, pero actualmente se han desarrollado equipos que eliminan el empleo de marcos y el espacio para la torta lo crean las propias placas adyacentes debido al diseño de sus perfiles (en inglés, *recessed plate filters*), también conocidos como filtros prensa de cámara dotados de placas con membrana de presión (Figura 81).

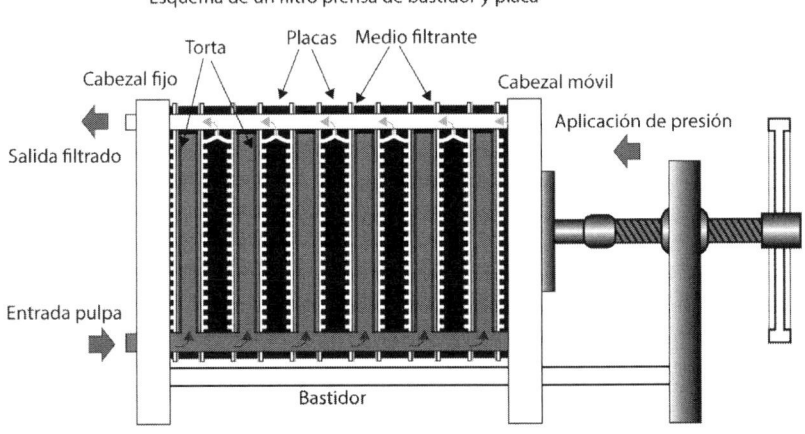

Figura 80. Filtro prensa de bastidor y placa (modificado a partir de Gupta and Yan, 2016).

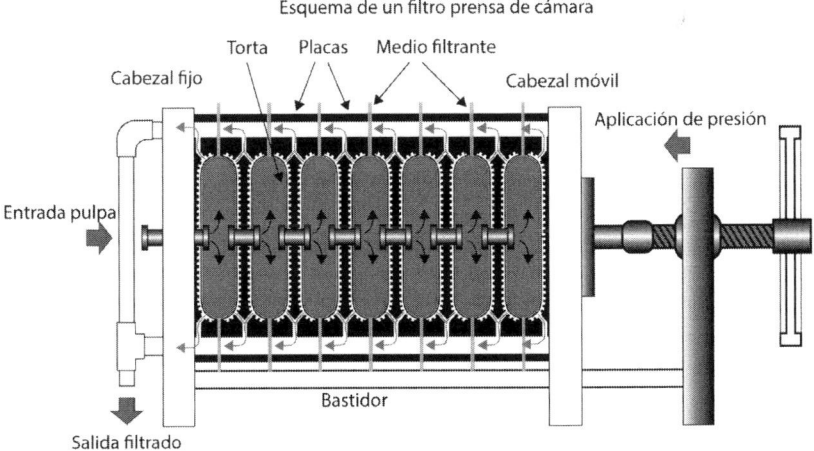

Figura 81. Filtro prensa de cámara (modificado a partir de Gupta and Yan, 2016).

Los equipos actuales pueden estar equipados con placas que incorporan membranas de goma para ayudar a conseguir una torta más desaguada a través de la acción de compresión que generan dentro del ciclo de filtrado (Figura 83, 84, 85 y 86), además, incorporan una etapa de soplado (en inglés, *air blow*) que ayuda a eliminar más filtrado de la torta de filtración o secado, al pasar el aire a través de esta (Figura 82).

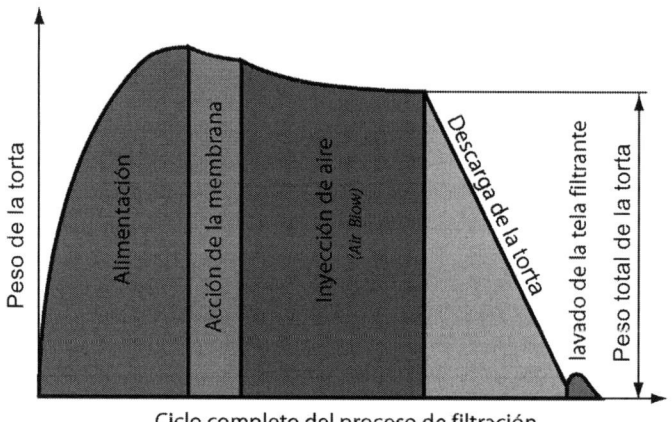

Figura 82. Ciclo completo de filtración de un filtro prensa.

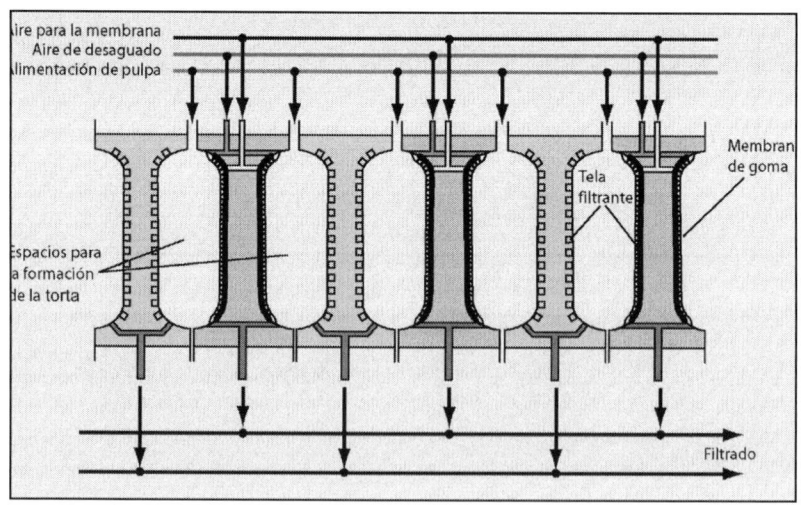

Figura 83. Disposición de las placas de un filtro prensa de cámara con membrana.

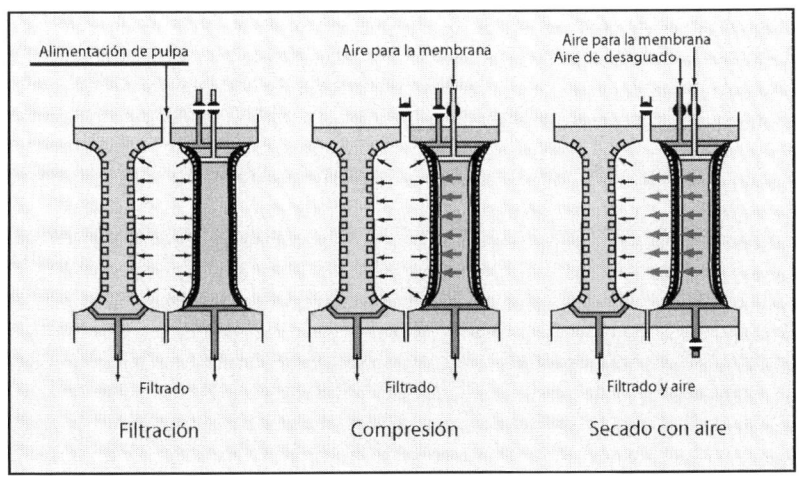

Figura 84. Ciclo de filtrado de un filtro prensa de cámara con soplado de aire.

Los filtros prensa también pueden darle a la torta un lavado de alta presión por medio de la introducción de líquido de lavado a través de conductos existentes en el filtro y que podrán atravesar la torta a través de las placas filtrantes. La descarga de la torta es por gravedad (Figura 86).

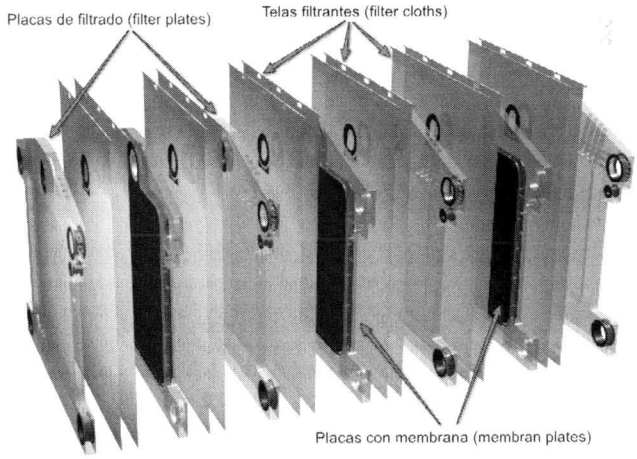

Figura 85. Disposición de las placas de un filtro prensa de cámara con soplado de aire VPA de Metso-Outotec (cortesía de Metso-Outotec).

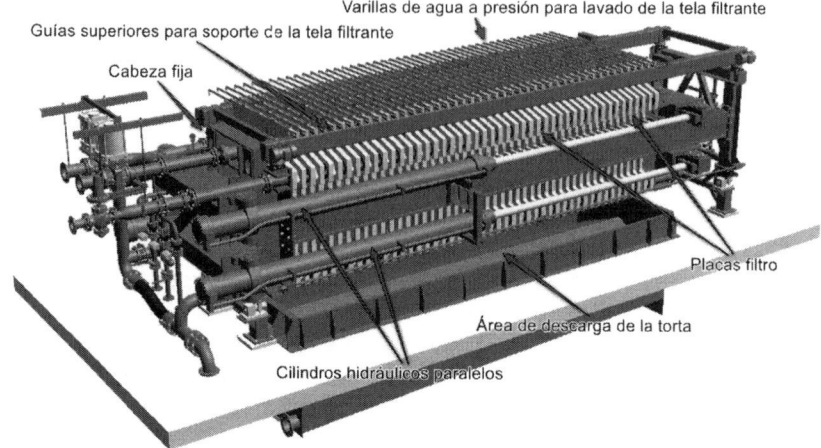

Figura 86. Filtro prensa de cámara con soplado de aire VPA de Metso-Outotec (cortesía de Metso-Outotec).

Debido a la mejora de los materiales utilizado en la construcción de las placas (polipropileno), se ha conseguido que estos equipos puedan trabajar con presiones elevadas y altas temperaturas (95°C).

Para aplicaciones especiales las placas que forman la cámara pueden estar fabricadas de acero inoxidable, de fundición o de aluminio. El número de placas puede variar según la unidad, habiéndolas de hasta 160 placas. La torta de filtración puede obtenerse con una humedad residual inferior al 10 %. La profundidad de la cámara puede ir de 30 a 50 mm con áreas de filtrado por placa entre 1,3 m^2 y 7,8 m^2, que, según modelos, el volumen de filtrado puede ir desde 240 a 10 250 litros.

Las aplicaciones son muy amplias desde concentrados de cobre, plomo y zinc hasta lavado de carbones, concentrados de magnetita, concentrados de hierro y níquel, tratamiento de desaguado de colas, etc.

Filtro de banda a presión (en inglés, *belt filter press*)

Este tipo de equipos se ha convertido en idóneo para el desaguado de flujos de lodo formado por partículas finas que han sido previamente espesadas y floculadas. Consisten básicamente en dos bandas filtrantes, con anchuras de banda entre 0,5 y 3 m, entre las cuales se comprime o prensa a la pulpa dando lugar a un producto desaguado o torta con un porcentaje de sólidos de 60-70 %.

La operación de estos equipos es la siguiente, primero existe un área de la banda superior por donde va a entrar la pulpa que ha sido previamente dosificada con floculante. A la zona de alimentación le sigue una zona de drenaje gravitatorio de la pulpa o zona de acción gravitatoria, donde se lleva a cabo un desaguado de la humedad libre contenida en la pulpa que va a permitir un drenaje de esta a través de la banda superior (Figura 87) reduciendo el volumen de la humedad en un 50 %. El material parcialmente desaguado va avanzando hasta caer en la zona de acuñamiento producida por la convergencia de las dos bandas filtrantes que van generando un aumento de la acción de compresión sobre el material y que van a eliminar el otro 50 % de humedad libre, al mismo tiempo que se va creando el «sándwich de torta».

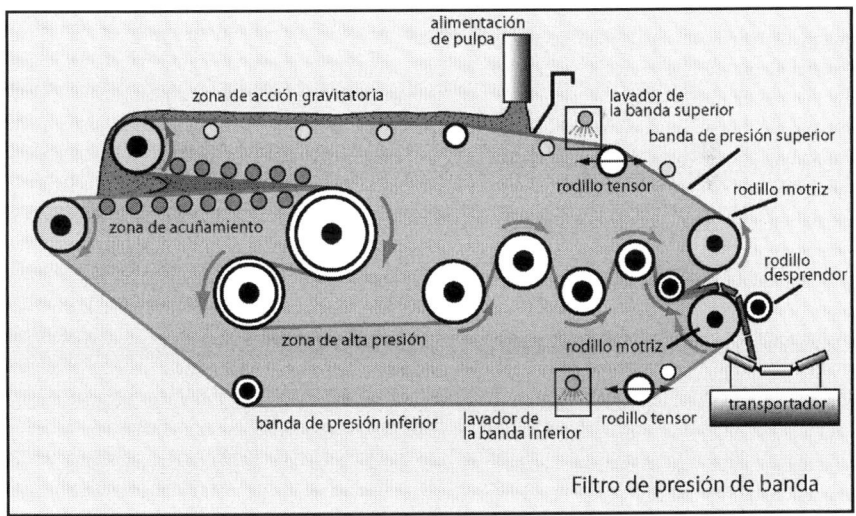

Figura 87. Disposición esquemática de un filtro de banda a presión.

Una vez formado el sándwich, el material entra en una zona de alta presión o zona «S» de compresión formada por una serie de tambores perforados y rodillos, que van disminuyendo en diámetro, donde el material termina de desaguarse hasta su descarga sobre un transportador (Figura 88 y 89).

Figura 88. Filtro de banda a presión del Grupo TEFSA. Fuente: https://gruptefsa.com/filtro_de_banda_de_presion/

Disponen de sistemas de control para el guiado, tensado y lavado de las bandas (Figura 88).

Son equipos de bajo consumo energético comparados con las otras unidades y con una alta recuperación de las partículas. Pueden tratar caudales desde 2 m³/h hasta 33 m³/h (Figura 89).

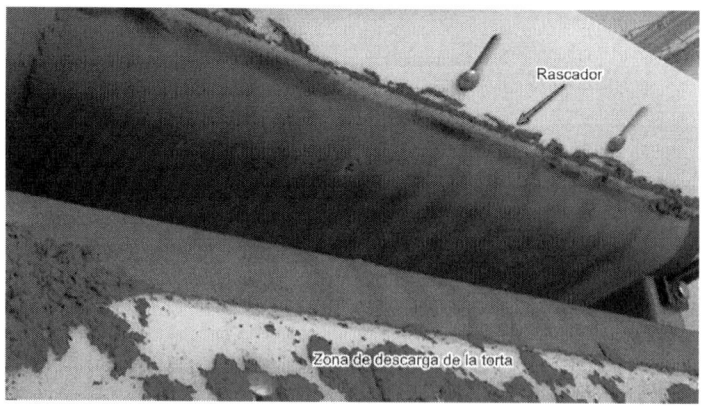

Figura 89. Descarga de la torta de un filtro de banda a presión del Grupo TEFSA. Fuente: https://gruptefsa.com/filtro_de_banda_de_presion/

Tubo de filtración por presión (en inglés, *tube press*)

Estas unidades surgieron para el desaguado de las partículas finas de caolín, donde se requería altas presiones diferenciales que no podían proporcionar las otras unidades de filtrado por presión. Actualmente se ha diversificado y extendido de forma significativa el campo de aplicación, encontrándose en la industria de procesamiento mineral (minerales metálicos, industriales, carbón, etc.), industria química, farmacéutica, pigmentos, etc.

Figura 90. Unidad de filtrado por alta presión de tubo. Fuente: Metso-Outotec.

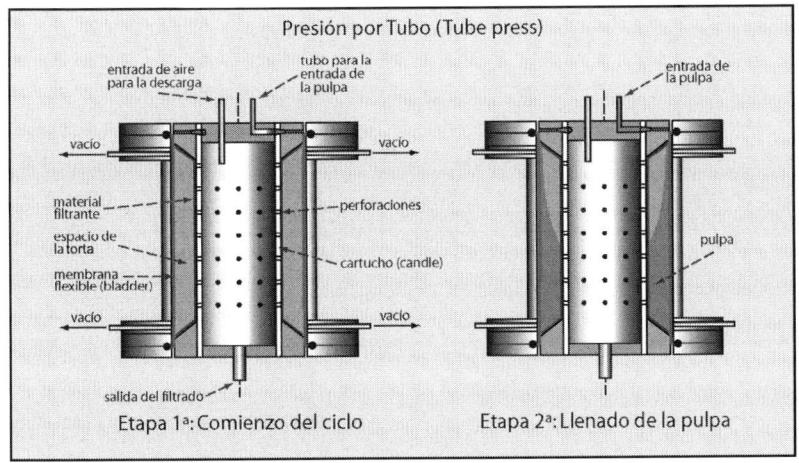

Figura 91. Etapa 1ª y 2ª del ciclo del filtro de presión por tubo. Fuente: Metso-Outotec.

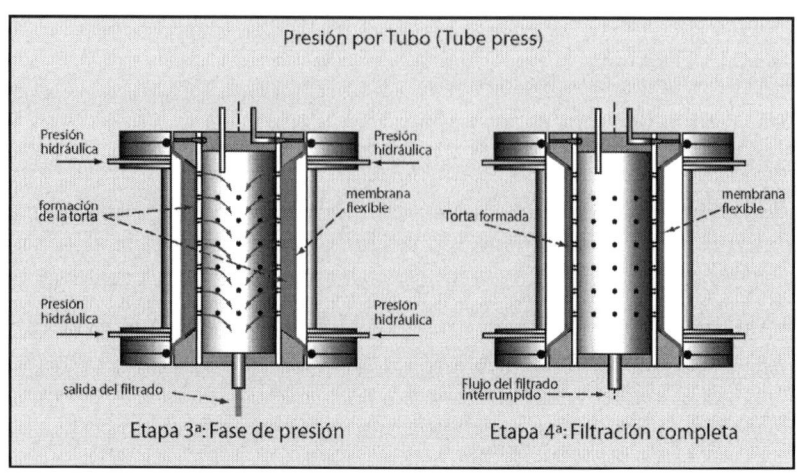

Figura 92. Etapa 3ª y 4ª del ciclo del filtro de presión por tubo.
Fuente: Metso-Outotec.

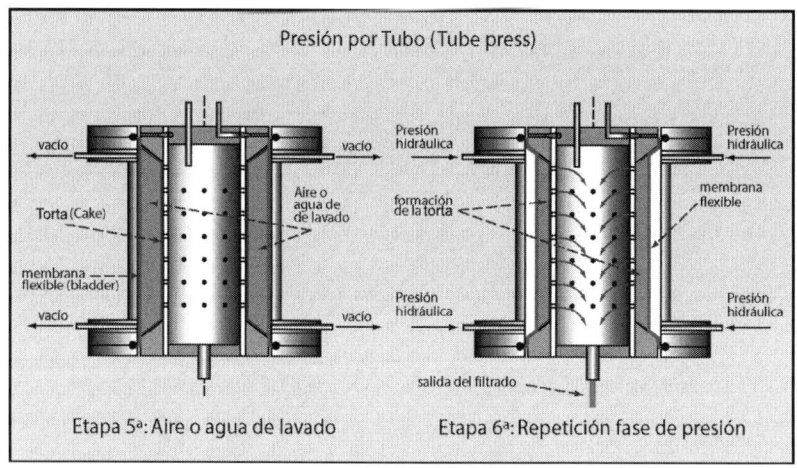

Figura 93. Etapa 5ª y 6ª del ciclo del filtro de presión por tubo.
Fuente: Metso-Outotec.

El tubo o cilindro exterior contiene los tubos que proporcionarán la presión hidráulica necesaria para que la membrana flexible comprima a la pulpa consiguiendo desaguarla. El cartucho o tubo interior está perforado para permitir el drenaje del filtrado, éste está fabricado de acero y está cubierto de una malla fina de alambre y sobre esta está colocada una tela de filtrado.

En las figuras siguientes se puede observar un ciclo completo de funcionamiento de este tipo de unidades y como se lleva a cabo la descarga de la torta (Figura 95 y 96).

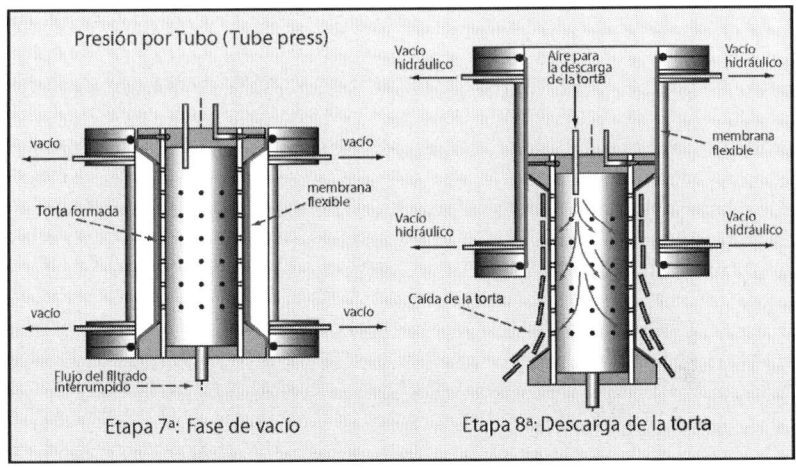

Figura 94. Etapa 7ª y 8ª del ciclo del filtro de presión por tubo. Fuente: Metso-Outotec.

Figura 95. Descarga de la torta de un equipo de filtrado de presión por tubo de Metso-Outotec. Fuente: Metso-Outotec.

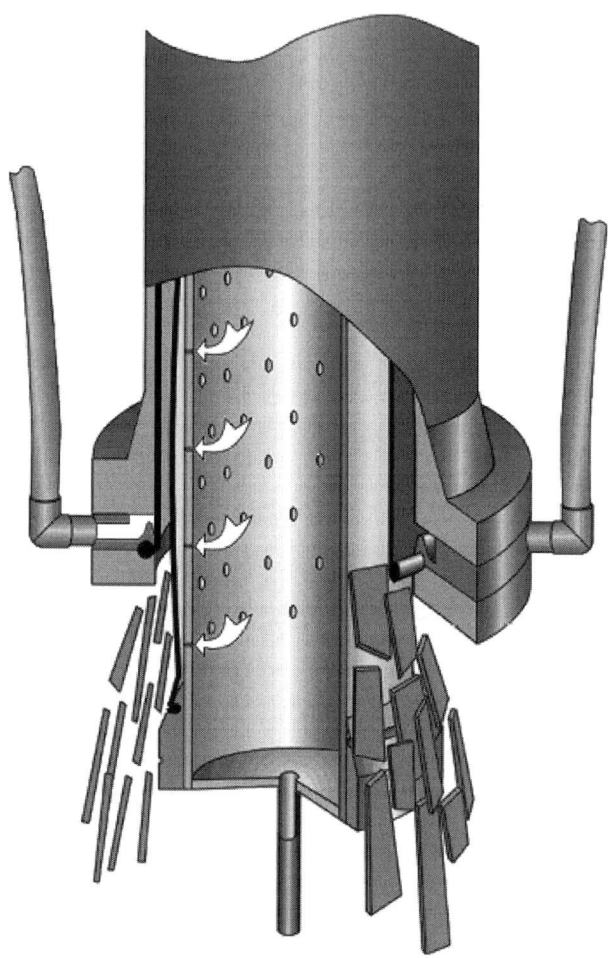

Figura 96. Descarga de la torta de un equipo de filtrado de presión por tubo de Metso-Outotec. Fuente: Metso-Outotec.

Estos filtros de alta presión los fabrica el grupo de equipos mineros Metso-Outotec con longitudes entre 1,8 m y 3 m y con diámetros entre 0,39 m y 0,86 m y presiones máximas operativas de 100-140 bares (Figura 95). El sólido final obtenido con estas unidades puede ahorrar un 80 % de energía que habría sido necesaria con equipos de secado térmico de capacidades de desaguado similares.

Figura 97. Instalación de una batería de filtros de presión por tubo de Metso-Outotec. Fuente: Metso-Outotec.

5

Circuitos y consideraciones de diseño, selección de equipos y balances

Circuito sólido-líquido en procesamiento de minerales

Los filtros y espesadores suelen estar integrados en serie en la planta de proceso. Dado que las tasas de filtración son relativamente más lentas que la mayoría de las otras operaciones unitarias que constituyen una planta de procesamiento, se colocan varias unidades de filtración en paralelo para cumplir con el objetivo de producción (Figura 98).

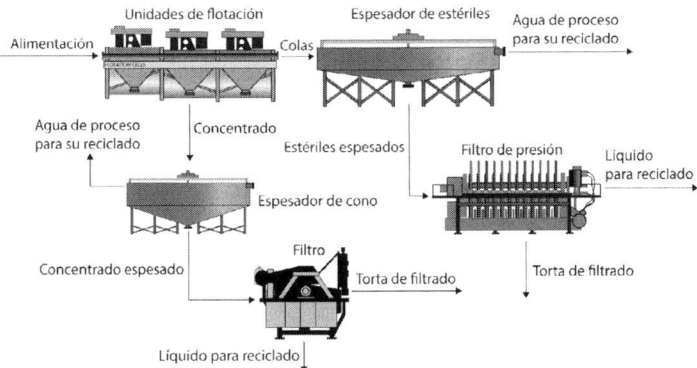

Figura 98. Circuito sólido-líquido en procesamiento de minerales.

Clarificadores

Los espesadores utilizados para producir desbordamientos bajos de sólidos (por ejemplo, alrededor del 1 % de sólidos) pueden denominarse clarificadores. En tales casos, el lodo se lava continuamente por decantación a contracorriente, donde el flujo inferior de un espesador/clarificador se bombea al siguiente espesador/clarificador (conectado en serie) formando la alimentación al segundo tanque.

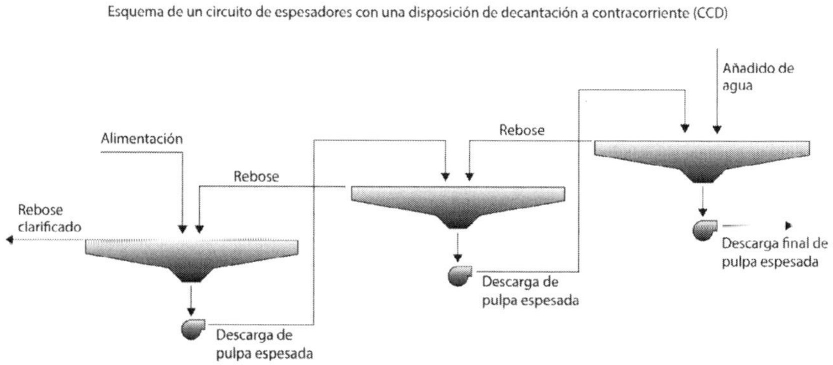

Esquema de un circuito de espesadores con una disposición de decantación a contracorriente (CCD)

Figura 99. Espesadores en una disposición de decantación a contracorriente (CCD).

130

Selección de equipos de separación sólido-líquido

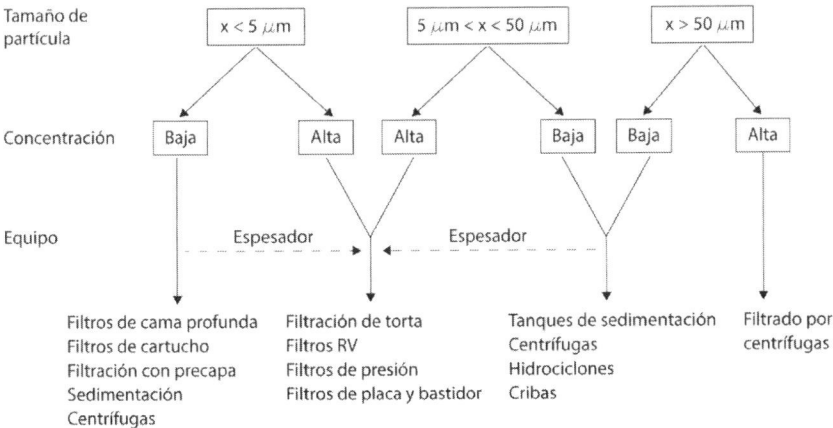

Tamaño de partícula y porcentaje de sólidos como guía en la selección de equipos de separación sólido - líquido

Figura 100. Tamaño de partícula y porcentaje sólidos como guía en la selección de equipos de separación sólido-líquidos.

Optimización del proceso de filtración

Un factor importante en la optimización de procesos particulares es el espesor de la torta de filtración. Las tortas de filtración demasiado espesas conducen a un alargamiento antieconómico del ciclo de filtración debido a las bajas tasas de filtración, deshidratación y lavado. Por otro lado, las tortas de filtración delgadas pueden ser difíciles de eliminar del equipo, lo que nuevamente aumenta el tiempo del ciclo de filtración. La productividad de todos los filtros está relacionada con el tiempo requerido para completar un ciclo de filtración completo y puede describirse como:

$$\text{productividad} = \frac{\text{volumen del filtrado por ciclo}}{\text{tiempo del ciclo}} = \frac{cV}{t_c} \quad (30)$$

Además de la filtración, se requiere tiempo adicional para la deshidratación, el lavado de la torta y, finalmente, la descarga de la torta del filtro y el empobrecimiento/reensamblaje/llenado del filtro. Es habitual agrupar las dos últimas y otras operaciones no mencionadas en un período de tiempo de inactividad total t_{DW}. El tiempo total del ciclo viene dado por:

$$t_c = t_F + t_D + t_W + t_{DW} \quad (31)$$

siendo:

t_C = tiempo del ciclo de filtración.

t_F = tiempo de filtrado.

t_D = tiempo para separación sólido-líquido.

t_W = tiempo de lavado de la torta.

t_{DW} = tiempo de descarga de la torta.

Balance sólido-líquido

Una separación sólido-líquido perfecta daría como resultado que una corriente de líquido se desplace por un lado y los sólidos secos se desplacen por otro. Desafortunadamente, ninguno de los dispositivos de separación funciona a la perfección. Por lo general, pueden salir algunos sólidos finos en la corriente de líquido y parte del líquido puede salir con los sólidos. Esta imperfección se caracteriza por la fracción de masa de los sólidos recuperados y el contenido de humedad residual de los sólidos. Por lo que se debe hacer un balance para sólidos, líquidos y humedad.

La separación del sólido generalmente se expresa como recuperación de masa o «eficiencia total» (en filtración esto también se conoce como retención), mientras que la separación del líquido generalmente se caracteriza por el contenido de humedad de la torta o la concentración de sólidos en el flujo inferior. Las eficiencias de separación de los sólidos y el líquido se consideran mejor por separado porque las diferentes aplicaciones ponen un énfasis diferente en los dos: en el espesamiento, por ejemplo, el énfasis está en la alta eficiencia del líquido (es decir, el alto contenido de sólidos en tortas o flujos inferiores), mientras que en la recuperación o clarificación se requiere una alta eficiencia para los sólidos. Si el énfasis en las dos eficiencias es igual, entonces pueden combinarse en un criterio, el índice de entropía.

En la Figura 101 se facilita la nomenclatura empleada para el cálculo de los balances en una separación sólido-líquido.

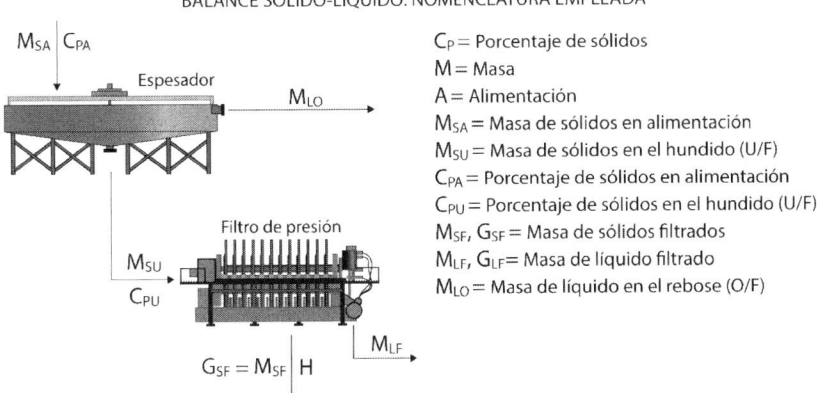

Figura 101. Nomenclatura empleada en el cálculo del balance de una separación sólido-líquido.

Para el cálculo de los diferentes balances se emplearán las siguientes expresiones:

Balance de sólidos en el espesador:

$$M_{SA} = M_{SU} \quad (32)$$

Balance de líquidos en el espesador:

$$\frac{M_{SA}}{C_{PA}} \times \left(1 - C_{PA}\right) = \frac{M_{SU}}{C_{PU}} \times \left(1 - C_{PU}\right) + M_{LO} \quad (33)$$

Balance de sólidos en el filtro:

$$M_{SU} = M_{SF} \quad (34)$$

Humedad en la pulpa filtrada:

$$H = \frac{M_L}{M_S + M_L} \quad (35)$$

El rango de valores de humedad de la torta en filtros convencionales es de 12-18 %, y para filtros modernos es de 8-10 %.

Balance de líquidos en el filtro:

$$\frac{M_{SU}}{C_{PU}} \times \left(1 - C_{PU}\right) = \frac{M_{SF} \times H}{\left(1 - H\right)} + M_{LF} \quad (36)$$

Recuperación de agua en concentrado, %:

$$R_{wc} = \frac{M_{LO} + M_{LF}}{M_{LO} + M_{LF} + \dfrac{M_{SF} \times H}{\left(1 - H\right)}} \times 100 \quad (37)$$

El rango de valores comunes de R_{wc} en concentrado es de 90-95 %.

2. Ejercicio sobre balance sÓlido-líquido en un circuito espesador-filtro

La operación de un circuito combinado de espesador-filtro para separar el contenido de agua de un concentrado de cobre (calcopirita) trata 100 t/h de sólidos. El concentrado de flotación que va al espesador tiene 30 % de sólidos, el hundido (*underflow*) del espesador sale con 65 % de sólidos. El hundido del espesador va a un filtro prensa y se espera una torta de filtrado con una humedad del 10 %. Se requiere saber la máxima recuperación de agua que será reciclada a la planta concentradora y que sale del espesador y del filtro. Calcular el balance de sólidos y líquidos.

Solución:

Datos proporcionados
Alimentación (M_{SA}, M_{SU})   120 t/h
% sólidos (C_{PA})   30 %
% humedad (H)   10 %
% sólidos U/F (C_{PU}) 65 %

Método 1: El porcentaje del líquido en el concentrado que alimenta al espesador es igual a 100-30 % de sólidos, es decir, 70 % de líquido.

Entonces 120 t/h es 30% de sólidos en la pulpa
Pulpa total = 120*100/30 = 400 t/h
Liquido total = 400-120 = 280 t/h
Liquido en el U/F = 120*0,35/0,65 = 64.6 t/h
Masa del líquido en el O/F (M_{LO}) = 280-64,6 = 215,4 t/h

Método 2: Balance de sólidos y líquidos: Asumiendo una eficiencia del 100 % del espesador y filtro y usando las fórmulas facilitadas anteriormente.

La cantidad de sólidos que salen del filtro debe ser igual a la cantidad de sólidos contenidos en la alimentación del espesador, es decir, 120 t/h (nota: se puede multiplicar por un porcentaje de eficiencia diferente al 100 % si se conoce este dato).

En el espesador:

$$\frac{M_{SA}}{C_{PA}} \times \left(1 - C_{PA}\right) = \frac{M_{SU}}{C_{PU}} \times \left(1 - C_{PU}\right) + M_{LO} \tag{38}$$

La masa del líquido en el O/F (M_{LO}) del espesador viene dada por:

$$\frac{120}{0,30} \times \left(1 - 0,30\right) = \frac{120}{0,65} \times \left(1 - 0,65\right) + M_{LO}$$

$$280 \text{ t/h (líquido total)} = 64,62 \text{ t/h (líquido U/F)} + M_{LO}$$

$$M_{LO} = 215,4 \text{ t/h} \tag{39}$$

En el filtro:
Para calcular el balance de sólidos y líquidos en el filtro, sabiendo que la humedad final en el concentrado es 10 %, entonces:

$$H = \frac{M_L}{M_S + M_L};$$
$$0,10 = \frac{M_L}{M_S + M_L};$$
$$0,10 \times M_S + 0,10 \times M_L = M_L;$$
$$0,10 \times 120 \text{ t/h} + 0,10 \times M_L = M_L;$$

$$M_L = 13{,}13 \text{ t/h (líquido en el concentrado filtrado)} \quad (40)$$

Ahora vamos a calcular el valor de M_{LF} con la formula:

$$\frac{M_{SU}}{C_{PU}} \times \left(1 - C_{PU}\right) = \frac{M_{SF} \times H}{\left(1 - H\right)} + M_{LF}$$

$$\frac{120}{0{,}65} \times \left(1 - 0{,}65\right) = \frac{120 \times 0{,}1}{\left(1 - 0{,}1\right)} + M_{LF}$$

$$64{,}62 \text{ t/h } (M_{SU}) = 13{,}33 \text{ t/h } (M_L) + M_{LF}$$

$$M_{LF} = 51{,}3 \text{ t/h (masa de líquido que sale del filtro)} \quad (41)$$

A continuación, vamos a calcular la recuperación total de agua en el espesador y del filtro que puede reciclarse:

$$R_{wc} = \frac{M_{LO} + M_{LF}}{M_{LO} + M_{LF} + \dfrac{M_{SF} \times H}{\left(1 - H\right)}} \times 100$$

$$R_{wc} = \frac{215{,}4 + 51{,}3}{215{,}4 + 51{,}3 + \dfrac{120 \times 0{,}1}{\left(1 - 0{,}1\right)}} \times 100 = 95{,}24\%$$

$$95{,}24\% \text{ de agua total que se recuperaría del circuito} \quad (42)$$

3. Ejercicio sobre el cálculo del porcentaje de sólidos contenidos en los flujos de un separador

Para un determinado separador determinar en cada uno de los flujos: (a) la concentración de sólidos en peso, (b) el peso de sólido seco contenido en la unidad de volumen de pulpa, (c) la carga circulante que se produce en el circuito, y (d) el reparto en peso. Disponiendo de los siguientes datos:

Densidad de la pulpa en alimentación, r_{pa} 1600 g/l
Densidad de la pulpa en el rebose (*overflow*), r_{pr} 1400 g/l
Densidad de la pulpa en el hundido (*underflow*), r_{ph} 1850 g/l
Densidad de las partículas sólidas, r_s 2700 g/l
Densidad del agua, r_l 1000 g/l

Solución:

a. Para calcular el porcentaje de sólidos en peso en la alimentación, en el rebose y en el hundido, emplearemos la siguiente expresión general (ANEFA, 2020):

$$C_w = \frac{\rho_s \times \left(\rho_p - \rho_l \right)}{\rho_p \times \left(\rho_s - \rho_l \right)} \quad (43)$$

siendo:

C_w, concentración de sólidos en peso (%).

ρ_s, densidad de las partículas sólidas, g/cm^3.

ρ_l, densidad del líquido (normalmente agua), g/cm^3.

ρ_p, densidad de la pulpa, g/cm^3.

Por lo que sustituyendo los valores del enunciado en la expresión anterior obtenemos el porcentaje de sólidos en peso (o concentración de sólidos en peso) en la alimentación, en el rebose y en el hundido del separador, siendo:

$$C_{(\text{alimen.})} = \frac{2,7 \times (1,6 - 1,0)}{1,6 \times (2,7 - 1,0)} = 0,59 = 59\% \tag{44}$$

$$C_{w(\text{rebose})} = \frac{2,7 \times (1,4 - 1,0)}{1,4 \times (2,7 - 1,0)} = 0,45 = 45\% \tag{45}$$

$$C_{w(\text{hundido})} = \frac{2,7 \times (1,85 - 1,0)}{1,85 \times (2,7 - 1,0)} = 0,73 = 73\% \tag{46}$$

b. Para calcular el peso de sólido seco contenido en la unidad de volumen de pulpa emplearemos la siguiente expresión (ANEFA, 2020):

$$J = \frac{\rho_l \times 10^3}{\dfrac{1}{C_w} - \dfrac{(\rho_s - \rho_l)}{\rho_s}} \tag{47}$$

siendo:

J, peso de sólido seco, g/l.

C_w, concentración de sólidos en peso (%).

ρ_s, densidad de las partículas sólidas, g/cm^3.

ρ_l, densidad del líquido (normalmente agua), g/cm^3.

ρ_p, densidad de la pulpa, g/cm^3.

Por lo que, sustituyendo los valores del enunciado y los anteriormente calculados en la expresión anterior, obtenemos el peso de sólido seco contenido en la unidad de volumen de pulpa, en g/l, en la alimentación, en el rebose y en el hundido del separador, siendo:

$$J_{(alimen.)} = \frac{1,0 \times 10^3}{\dfrac{1}{0,59} - \dfrac{(2,7-1,0)}{2,7}} = 938 \text{ g/l}$$

$$(48)$$

$$J_{(rebose)} = \frac{1,0 \times 10^3}{\dfrac{1}{0,45} - \dfrac{(2,7-1,0)}{2,7}} = 627 \text{ g/l}$$

$$(49)$$

$$J_{(hundido)} = \frac{1,0 \times 10^3}{\dfrac{1}{0,73} - \dfrac{(2,7-1,0)}{2,7}} = 1350 \text{ g/l}$$

$$(50)$$

c. Para calcular la carga circulante aplicamos la fórmula:

$$C.C. = \frac{J_{(alimen.)} - J_{(rebose)}}{J_{(hundido)} - J_{(alimen.)}} \times \frac{J_{(hundido)}}{J_{(rebose)}} \times 100$$

$$(51)$$

Por lo que sustituyendo los valores ya conocidos en la expresión anterior obtenemos la carga circulante del separador:

$$C.C. = \frac{938 - 627}{1350 - 938} \times \frac{1350}{627} \times 100 = 163,3\%$$

$$(52)$$

d. Para obtener el reparto en peso aplicamos la fórmula:

$$\theta = \frac{J_{(alimen.)} - J_{(rebose)}}{J_{(hundido)} - J_{(rebose)}} \times \frac{J_{(hundido)}}{J_{(alimen.)}} \times 100$$

$$(53)$$

Por lo que, sustituyendo los valores ya conocidos en la expresión anterior, obtenemos el reparto en peso del separador:

$$\theta = \frac{938 - 627}{1350 - 627} \times \frac{1350}{938} \times 100 = 62\%$$

$$(54)$$

6.

Desafíos en la separación sólido-liquido de minerales

Desde la perspectiva de la planta, los factores que afectan el rendimiento del filtro generalmente están fuera del control del operador:

* Tamaño de partícula.
* Grado.
* Superficie química.

Todos tienen efectos significativos, pero rara vez se pueden ajustar sin efectos negativos en el rendimiento de la planta. Comprender su efecto puede ser una guía útil sobre los parámetros que deben ajustarse en la filtración.

Tamaño de partícula

* Los concentrados minerales requieren una filtración dirigida a límites transportables y reduciendo los costos de transporte.
* El límite transportable (TML) es imprescindible para que el producto sea vendible y las tecnologías de filtración se seleccionan en función de su capacidad para alcanzar este límite de forma fiable.
* La capacidad de reducir la humedad significativamente por debajo de este límite puede tener un efecto limitado en la calidad del producto, el costo de transporte o el balance general de agua de la planta.

• El término «TML» se deriva de las industrias de carga sólida a granel donde las cargas, como los concentrados de metales, pueden parecer estar en un estado granular relativamente seco cuando se cargan, sin embargo, aún pueden contener suficiente humedad para volverse fluidos bajo el estímulo de la compactación y la vibración que se produce durante un viaje.

El cambio de carga resultante puede ser suficiente para volcar la embarcación.

Grado

Un bajo grado tiene un efecto negativo desde varias perspectivas. El SG (gravedad específica) de sólidos más bajo diluye la torta y requiere una humedad de torta más baja para lograr el TML. En el caso de las arcillas, la ganga puede tener partículas similares a placas que crean poros más cerrados y las propiedades de la superficie pueden tener un ángulo de humectación más bajo, lo que también aumenta la presión de los poros. En general, es más adecuado mejorar el grado, pero en los casos en que esto no sea práctico, aumentar la presión de filtración puede ayudar a compensar. Los cambios de pH (cuando se permiten) y la coagulación pueden tener efectos beneficiosos.

Superficie Química

El pH requerido para la separación de concentrados generalmente significa que dieron una alta carga superficial. Esto es generalmente perjudicial para la filtración donde los mejores resultados se logran cuando la carga superficial es mínima. Donde no es posible cambiar la química de la superficie, los coagulantes y floculantes pueden ser efectivos para mejorar las tasas de filtración. Los floculantes pueden ser efectivos en filtros de vacío donde la suspensión se puede manejar con cuidado.

7.

Ejemplos de aplicación

Apilamiento de relaves secos (*dry tailings stacking*)

Figura 102. Apilamiento de relaves secos empleando cinta transportadora en la mina La Coipa (Chile), (cortesía Anglo American/Debswana)

Figura 103. Filtración del residuo de bauxita en Alcoa-Australia
(cortesía Alcoa)

8.

Referencias

ANEFA (2020). *Manual de áridos para el siglo* XXI. ANEFA, Ed.

Bise, C. J. (2003). Mining engineering analysis. Society for Mining, Metallurgy, and Exploration (SME), p. 328, www. smenet.org.

Blanc, E. C. (1975). *Tecnología de los aparatos de fragmentación y clasificación dimensional.* Editorial Rocas y Minerales, 3 volúmenes, p. 220.

Blazy, P. (1977). *El beneficio de los minerales.* Editorial Rocas y Minerales, p. 525.

Concha, F. (2014). Solid-Liquid Separation in the Mining Industry: Fluid Mechanics and Its Applications. Springer International Publishing Switzerland, 105, p. 425. DOI: 10.1007/978-3-319-02484-4_9

Concha, F. (2014). *Manual de filtración y separación.* Editorial Diario El Sur (Margarita Menéndez, Ed.), p. 473. ISBN: 956-291-042-3

Cox, C., and Traczyk, F. (2002). *Design features and types of filtration equipment. In Mineral Processing Plant Design, Practice, and Control.* Edited by A. L. Mular; D. N. Halbe, and D. J. Barratt. Littleton, CO: SME.

García de la Cal, A. (2014). *Manual de cribado y clasificación, minería y áridos.* Fueyo Editores, p. 494.

FLSmidth (2013). Tailings Dewatering Press (TDP). Technical Brochure. Midvale, UT: FLSmidth.

Gupta, A. and Yan, D. (2016). *Mineral processing design and operations. An introduction.* 2nd Ed. Elsevier, p. 857. ISBN: 978-0-444-63589-1.

Fuerstenau, M. C.; Han K. N. (2003). Principles of mineral processing. *Society for Mining, Metallurgy, and Exploration,* Inc, p. 573.

Fueyo, L. (1999). *Equipos de trituración, molienda y clasificación. Tecnología, diseño y aplicación.* Editorial Rocas y Minerales, Madrid, p. 360.

Haan, A. and Padding, J. (2022). *Process Technology: An Introduction.* De Gruyter Textbook, 2nd Edition, p. 550. ISBN: 978-3110712438.

Haan, A. (2015). Process Technology: An Introduction. Berlin, München, Boston: De Gruyter. https://doi.org/10.1515/9783110336726

Kelly, E. G.; Spottiswood, D. J. (1990). Introducción al procesamiento de minerales. Limusa, México, p. 530.

Martínez-Pagán, P. (2011). Tecnología Mineralúrgica. Open Course Ware: http://ocw.bib.upct.es/course/view.php?id=88

Martínez-Pagán, P. (2014). *Separación Magnética y Electrostática: Apuntes de «Tecnología Mineralúrgica».* Universidad Politécnica de Cartagena, p. 88. ISBN: 978-84-942944-5-7.

Martínez-Pagán, P. (2015). *Ejercicios Resueltos de Tecnología Mineralúrgica.* Universidad Politécnica de Cartagena, p. 165. ISBN: 978-84-16325-05-4.

Martínez-Pagán, P.; Perales Agüera, A. (2020). Tecnología Mineralúrgica. Open Course Ware: https://ocw.bib.upct.es/course/view.php?id=178

Martínez-Pagán, P.; Perales Agüera, A. (2021). Plantas de Tratamiento de Recursos Minerales. Open Course Ware: https://ocw.bib.upct.es/course/view.php?id=184

Martínez-Pagán, P. (2021). Ejercicios Resueltos de Plantas de Tratamiento de Recursos Minerales. Universidad Politécnica de Cartagena, p. 204. ISBN: 978-84-17853-38-9. http://hdl.handle.net/10317/9725.

Meadows, D. G. (2019). Filtration. In SME's Mineral Processing and Extractive Metallurgy Handbook, Dunne, R. C.; Kawatra, S. K. and Young, C. A. (Eds.), Society for Mining, Metallurgy, and Exploration (SME), pp. 1081-1106.

Metso: Outotec (2021). *Basics in Mineral Processing,* 12th Edition, M:O Group, Helinki, Finland, p. 336.

Mular, A. L.; Halbe, D. N.; Barratt, D. J. (Eds.) (2002). *Mineral processing plant: Design, practice, and control. Society for Mining, Metallurgy, and Exploration*, Inc, 2 Volumes, p. 2422.

Parekh, B. K., and Matoney, J. P. (1991). *Part1: Mechanical dewatering. In SME's Coal Preparation, 5*[th] *Edition*, Leonard III, J. W.; Hardinge, B. C. (Eds.), Society for Mining, Metallurgy, and Exploration (SME), pp. 499-580.

Schoenbrunn, F.; Laros, T.; Henriksson, B. and Arbuthnot, I. (2019). Sedimentation equipment. In SME's Mineral Processing and Extractive Metallurgy Handbook, Dunne, R. C.; Kawatra, S. K. and Young, C. A. (Eds.), Society for Mining, Metallurgy, and Exploration (SME), pp. 1069-1080.

Subba Rao, D. V. (2011). Mineral beneficiation. A concise basic course. *CRC Press*, p. 177.

Tiktin, J. (1998). *Procedimientos generales de construcción.* E.T.S.I.C.C.P. Madrid, p. 353.

Weiss, N. L. (1985). *SME Mineral processing handbook. Society for Mining, Metallurgy, and Exploration.* S.W. MUDD Series, ISBN: 0-89520-443-6.

Sobre los autores

Pedro Martínez Pagán

Pedro Martínez Pagán (Murcia, España, 1970) es profesor titular de Universidad en el área de conocimiento de Explotación de Minas del Departamento de Ingeniería Minera y Civil de la Universidad Politécnica de Cartagena, UPCT (España). Con formación en Ingeniería de Minas por la Universidad de Vigo (España), realizó su tesis doctoral en la Universidad Politécnica de Cartagena sobre el empleo de técnicas geofísicas a problemas relaciones con contaminación ambiental por actividades antrópicas. Actualmente es el investigador principal del grupo de investigación Geofísica Aplicada Somera, de la Universidad Politécnica de Cartagena. Acumula veinticuatro años de experiencia docente en titulaciones de grado, máster y doctorado de la ETS de Ingeniería de Caminos, Canales y Puertos y de Ingeniería de Minas (UPCT), impartiendo asignaturas relacionadas con la ingeniería minera, la investigación geofísica y los procesos en plantas de tratamiento de minerales. Actualmente coordina el Máster en Ingeniería de Minas de la UPCT.

María Sinche-González

María Sinche González (Perú, 1969) es profesora en la Universidad de Oulu (Finlandia) en el área de Procesamiento de Minerales en la Unidad de la Escuela de Minería de Oulu, es ingeniera profesional de metalurgia (Universidad de San Agustín de Arequipa), máster en Gestión Sostenible de los Recursos Mineros (Universidad Politécnica de Madrid) y doctora en Procesamiento de Minerales (Universidad de South Australia).

María ha trabajado doce años en plantas concentradoras y dieciséis años en investigación y docencia. Su actividad docente e investigación es en tecnologías, desarrollo y diseño de procesos de procesos de separación de minerales, modelamiento y simulación en procesamiento de minerales y geometalurgia. Durante su carrera ha ganado los reconocidos premios María Curie de la Unión Europea y el premio Endeavor de Australia. Recientemente, ganó y coordina el Máster Erasmus Mundus en Ingeniería Sostenible de Procesamiento de Minerales y Metales (EMJM-PROMISE).

Raúl Mollehuara-Canales

Raul Mollehuara Canales (Perú, 1968) es investigador de la Escuela de Minería de Oulu en la Universidad de Oulu (Finlandia). Con formación académica de ingeniero químico (Universidad Nacional del Centro del Peru), maestría en Gestión Recursos Hídricos (Universidad de Flinders - Australia) y doctorado en Ingeniería de Minas y Procesamiento de Minerales (Universidad de Oulu - Finlandia). Su experiencia profesional de más de veinte años en la industria minera en Perú y Australia incluye operaciones como concentración/flotación de sulfuros (Cu, Pb, Zn), procesos hidrometalúrgicos (Cu, Au), gestión y tratamiento de aguas en minería, remediación y cierre de minas. Su actividad académica, además de la docencia, incluye proyectos de investigación en la UE en tecnologías aplicadas para la gestión de residuos mineros como geofísica en el monitoreo de estructuras de almacenamiento de relaves, economía circular de residuos mineros, y tecnologías para la transformación digital de procesos mineros y cierre de minas.

Julián Martínez López

Julián Martínez López (Linares, España, 1959) es profesor titular de Universidad en el área de conocimiento de Explotación de Minas del Departamento de Ingeniería Mecánica y Minera de la Universidad de Jaén (España). Con formación de geólogo e ingeniero técnico de minas y sondeos, realizó su tesis doctoral en la Universidad Politécnica de Madrid (Escuela Técnica Superior de Ingenieros de Minas) sobre la caracterización geoquímica de suelos contaminados por actividades mineras. Su docencia en titulaciones de grado y máster se centra en asignaturas relacionadas con el laboreo de minas, la prospección geoquímica y en los procesos en plantas de tratamiento de minerales y de rocas industriales. Su actividad investigadora la desarrolla en el ámbito de la prospección geofísica, geoquímica y en la aplicación de técnicas mineralúrgicas en la concentración de minerales.